경영전략

경영전략

김 길 성 저

전남대학교출판부

머 리 말

국제적 금융위기와 정치갈등, 글로벌경쟁의 심화, 생태환경의 파괴 등 기업을 에워싼 경영환경의 변화는 시간이 흐를수록 더욱 숨 가쁘게 진행되고 있다. 멈춤을 모르는 이러한 변화가 가까운 기업미래에 대한 우리의 예측마저도 어렵게 만들면서 기업의 리스크는 더욱 커져가고 있다. 리스크가 커지면 커질수록 기업의 올바른 의사결정을 위해 경영전략의 포지션이 더 중요해질 수밖에 없다. 단적으로 표현하자면, 오늘날의 기업들은 경영전략 없이 성공적인 경영성과를 기대하기 어렵다. 그래서 요즘 전략이라는 단어가 유행어처럼 흔하게 사용되고 있다.

그러나 전략이 흔하게 불리는 만큼 쉽게 실행할 수 있는 것은 아니다. 특히 경영전략은 그 개념부터가 쉽지 않다. 그래서 저자는 독자들이 이 책을 통해 경영전략을 가능한 쉽게 이해할 수 있도록 그 개념을 체계화하려고 노력하였다. 먼저 국내외 대표적인 전략관련 문헌들과 사례들을 참고하여 경영전략을 이론적으로 체계화 한 후, 그 체계에 따라 책의 내용도 한 편의 이야기처럼 자연스럽게 연결시켜 나갔다. 그리고 독자들이 책의 내용을 보다 더 쉽게 이해할 수 있도록 소주제마다 그 내용을 각각 구분하였고, 표현을 가능한 간결하게 함으로써 지루함을 덜고자 하였다.

이 책은 경영전략의 체계 및 흐름에 따라 총 3부 13장으로 구성되어 있다. 먼저 제Ⅰ부는 경영전략의 기초에 관한 부분으로서 경영전략에 대한 개념적 체계화와 함께 경영환경에 대한 분석방법들을 서술하였다. 특히 기업의 효과적인 전략수립을 위해 반드시 필요한 외부환경과 내부역량에 대한 분석들을 구체적으로 살펴보았다. 제Ⅱ부에서는 주로 사업부 차원에서 기업의 경쟁우위와 경쟁

PREFACE

전략에 관한 내용을 다루었다. 기업의 경쟁우위 선택과 관련하여 본원적 전략을 설명하였고, 사업의 전개방향과 관련하여 경쟁전략의 대안을 안정전략과 성장전략으로 구분하여 살펴보았다. 제Ⅲ부에서는 기업의 관점에서 안정전략과 성장전략의 실천적 기법으로서 리스트럭처링, 아웃소싱, 전략적 제휴, M&A, 다각화전략, 그리고 글로벌경영전략 등을 살펴보았다.

경영전략이 궁극적으로는 기업의 경쟁력을 높여 강한 기업을 만들기 위한 것이지만, 이 책을 통해 독자 개인의 성공적인 삶을 위한 전략적 사고 배양에도 도움이 되길 기대해본다. 그 이유는 개인의 삶과 생활이 어떤 방식으로 진행되든 전략적 판단을 요구하는 불확실한 상황들이 연속되기 때문이다. 이렇듯 여러 목적을 가지고 이 책을 집필하기 시작했지만 막상 원고를 마무리한 후 다시 읽어보니 부족한 점이 많다. 미흡한 부분에 대해서는 추후 독자들의 조언에 따라 내용을 계속 보완하고 수정할 것을 약속드린다.

끝으로 이 책은 주님의 은총과 가족의 사랑으로 완성될 수 있었다. 만남보다 이별의 시간이 더 길어 항상 애틋하기만 한 요안나와 라경, 준엽에게 이 책을 통해 나의 사랑을 전한다. 그리고 이 책을 집필하는 동안 아버님에 대한 모정(慕情)이 끊이질 않았다. 못내 그리운 아버님과 평생을 자식들을 위해 헌신하신 어머님께 감사드리며 이 책을 바친다.

2009년 8월

김 길 성

차 례

제 I 부 경영전략 분석

CONTENTS

차 례

제Ⅱ부 경쟁우위

CONTENTS

차 례

제Ⅲ부 안정전략과 성장전략

CONTENTS

차 례

PART I

경영전략 분석

▼ 기사경주 (http://www.flicker.com/photos/allanold/3661246332)

글과 생각 1 경쟁력과 전략적 사고

'지피지기, 백전불태(知彼知己, 百戰不殆)'는 상대와 나의 강점 및 약점을 사전에 충분히 분석하고 전투에 임해야 한다는 전략적 사고의 중요성을 일깨워 주는 말이다. 그 중요성은 손자병법으로 유명한 손무의 후예이며, 위나라 방연의 꾐에 빠져 두 무릎을 잃는 형벌을 받고 고생하다가 제나라 장군 전기의 도움으로 위나라를 탈출한 후, 훗날 제나라 군사(軍師)가 되어 방연을 죽음으로 몰고 갔던 손빈의 일화를 통해 쉽게 이해할 수 있다.

전기는 기사경주(騎射競走)로 돈내기를 즐겨했지만 번번이 내기에 져 돈을 잃곤 했다. 기사경주란 네 마리의 말이 끄는 수레를 한 조로 하여, 3조의 수레로 한 번씩 상대 수레와 내기를 하여 그 중 가장 많이 이기는 자가 승리하는 마차경주이다. 어느 날 제나라 왕이 전기에게 경주를 제안하였는데, 자신의 좋은 말들도 제왕의 말에 미치지 못함을 알고 있던 전기는 고민에 빠질 수밖에 없었다. 전기의 딱한 사정을 보다 못한 손빈이 다음과 같은 방법을 알려 주었다. "3조의 마차는 속력에 있어 각각 등급이 다릅니다. 그런데 상대가 좋은 말을 출전시킬 때 장군께서도 좋은 말로 경쟁하려 하니 항상 지는 것이 옵니다. 따라서 상대가 가장 뛰어난 마차를 출전시킬 때 장군은 하급 마차를 내보내시고, 상대가 중급 마차를 출전시킬 때 상급 마차를, 상대가 하급 마차를 출전시킬 때 중급 마차로 경주를 하십시오. 그러면 언제든지 2대1로 승리하게 될 것입니다."

지난 8일 산업정책연구원이 발표한 '2007 IPS 국가경쟁력연구보고서'에 따르면 2007년 한국의 국가경쟁력 지수는 45.77로 조사대상 66개국 중 23위를 차지해 지난해보다 1단계 하락한 것으로 나타났다. 우려되는 것은 지난해보다 3단계 상승하며 21위를 차지한 중국이 우리의 경쟁력을 추월했다는 것이다. 한국의 국가경쟁력을 크게 저해하는 요인을 보면 에너지자원 등 생산요소 조건이 59위, 인적요소 중 근로자가 53위로 하위권을 기록하고 있다. 주요 생산요소인 물적자원이야 원래 부족했지만 인적자원만큼은 어느 나라에 뒤지지 않았던 우리나라다. 강점 중 하나였던 인적자원이 약점으로 바뀐 것이다.

지난 10일 스위스 국제경영개발원(IMD)이 발표한 '세계 경쟁력 연감 2007'에 의하면 조사대상 55개국 중 한국의 경쟁력은 지난해 32위에서 29위로 3단계 상승하였다. 하지만 기뻐할 일만은 아닌 것 같다. 국내경제, 교역, 투자, 고용, 물가를 평가하는 경제운영성과 항목이 지난해보다 무려 13단계나 하락한 49위를 기록하였기 때문이다. 뿐만 아니라 한국과 함께 아시아의 신흥공업국(NICs)으로 '네 마리 용'에 포함되었던 싱가포르가 2위, 홍콩이 3위, 대만이 18위를 기록한 것은 차치하더라도 중국이 매년 상승하여 2005년 29위에서 2007년 15위를 차지했다는 사실 때문이다. 우리에게 가장 큰 약점인 물적, 인적자원 모두 중국에게는 가장 큰 장점이다. 그런 중국이 한국과의 자유무역협정(FTA)을 간절히 원하고 있다.

미국과의 자유무역협정이 타결되면서 가장 큰 피해가 예상되는 산업으로 농업을 꼽는다. 당연 그 피해는 어떤 방식으로든 전통적인 농도인 전남의 경쟁력 악화로 이어질 것이다. 국가경쟁력에서 한국을 추월한 중국과의 자유무역협정마저 타결된다면 경쟁력 없는 전남의 미래는 어떻게 될 것인가? 이제 우리 스스로 경쟁력을 갖추지 않으면 안 된다. 그러기 위해선 개인이든 조직이든 전략적 사고가 필수적이다. 전략적 사고란 먼저 환경변화에 대한 논리적 분석과 직관을 필요로 한다. 그리고 기존의 고정관념을 타파하고, 성과위주의 새로운 발상을 지향하는 것이다. 일본은 싱가포르나 대만 등의 나라에 80킬로그램짜리 쌀을 최고 128만원까지 받고 수출하고 있다고 한다. 조금이라도 싼 농산물이 경쟁에서 유리할 것이라는 우리의 고정관념을 타파하는 전략적 사고의 발상이다.

자료: 김길성, 전일시론, 전남일보, 2007년 5월 21일.

제 1 장
경영전략의 개요

1-1. 경영전략의 정의

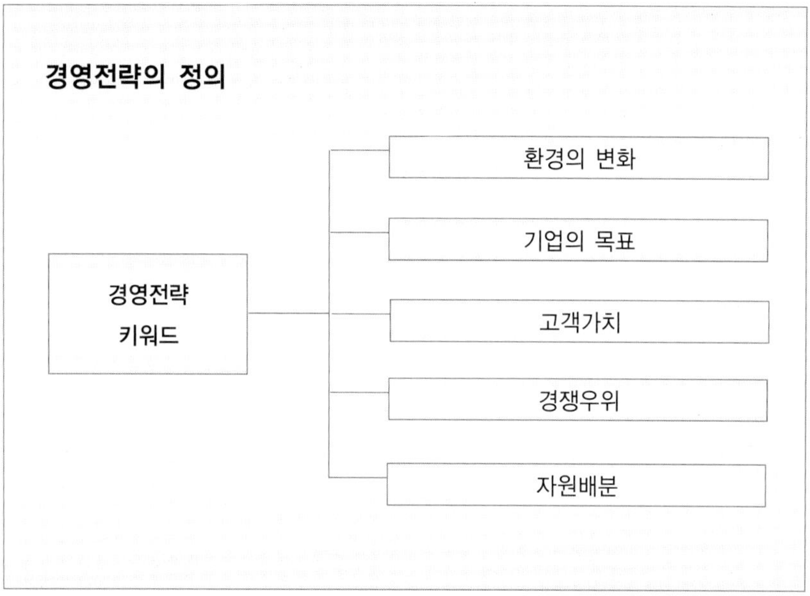

일반적으로 손자병법에서 그 기원을 찾는 전략(Strategy)은 흔히 전쟁에서 승리하기 위한 방법이라고 말하는데, 이를 경영학에서는 기업이 경쟁우위를 확보하기 위해 자원을 배분하는 종합적 계획이라는 의미로 정의한다. 따라서 특정 작전의 수행계획이라는 의미의 전술(Tactics)보다는 전략이 더 장기적이고 광범위한 개념이라고 할 수 있다. 경영전략에 대한 정의를 보다 더 정확하고 구체적으로 하기 위해서는 경영전략에 대한 몇몇 주요 시각들을 살펴볼 필요가 있다.

- Chandler의 정의[1)]

경영전략이란 기업이 기본적인 장기목표를 설정하고, 그 목표를 달성하는 데 필요한 행동을 결정하고 이에 소요되는 자원을 배분

1) A. D. Chandler, Jr., *Strategy and Structure*, MIT Press, 1962.

하는 일을 의미한다.

■ **Ansoff의 정의**[2)]

경영전략이란 변화하는 환경 하에서 기업이 생존하고 성장하기 위하여 환경에 적응하고 대응하기 위한 방향을 설정하고, 이를 위한 수단을 선택하는 것과 관련된 의사결정이다.

■ **Ohmae의 정의**[3)]

경영전략이란 전략의 핵심이 고객을 위해 보다 뛰어난 가치를 창조하는데 있기 때문에, 결국 어떻게 하면 경쟁자에 비해 경쟁우위를 가질 것인가를 결정하는 문제이다.

■ **Barney의 정의**[4)]

경영전략이란 기업의 한정된 경영자원을 효과적으로 배분하는 의사결정의 패턴을 의미한다.

따라서 경영전략이란 기업이 급변하는 경영환경 속에서 기업목표를 효과적으로 달성하고 고객에 대한 가치를 높일 수 있는 경쟁우위를 확보하기 위해 제한된 자원을 효율적으로 배분하는 의사결정 과정이라고 정의할 수 있다.

---

2) H. I. Ansoff, *From Strategic Planning to Strategic Management*, Willey & Sons, 1979.

3) K. Ohmae, "Getting Back to Strategy," *Harvard Business Review*, November-December 1988.

4) J. Barney, *Gaining and Sustaining Competitive Advantage*, Addison-Wesley Publishing Company, 1997.

1-2. 경영전략과 경영정책

경영전략과 경영정책

경영전략	· 환경변화에 적극 대응 · 전사적 차원에서 기업 활동 간의 조화	→ 기업 목표
경영정책	· 환경변화와 무관 · 반복적 기업 활동에 대한 항상적 룰	

1973년 오일쇼크 이후 기업들이 경영환경의 변화에 효과적으로 대응하기 위해 본격적으로 경영전략을 도입하기 전까지는 경영정책이 경영전략의 역할을 대행하였다. 한동안 두 용어를 혼용하기도 했지만 경영의 효과와 효율성을 높이기 위해 전략과 정책의 개념을 구분할 필요가 있다.

경영정책이란 경영자가 정한 경영의 기본방침이라고 정의할 수 있다. 일반적으로 기본방침이란 방향 제시를 위한 일정한 목적의 설정과 그 목적을 실현시키기 위한 방법이나 수단의 결정을 의미한다. 기업목표 달성을 위해 경영 전반을 포괄하는 최종적 의사결정이라는 측면에서 경영전략과 유사하지만, 경영정책은 환경변화를 전제로 하지 않는다는 점에서 경영전략과 개념상 차이가 있다. 다시 말하자면, 경영정책은 반복적으로 일정하게 발생하는 기업 제반 활동에 대한 결정 룰(Rule)이며, 환경변화에 관계없이 항상적(恒常的)인 성질을 가지고 있다.

결론적으로 경영정책은 기업의 가치창출 활동인 판매, 조달, 생산, 인사, 재무 등 모든 분야에 걸쳐 일관적이고 통일된 명확한 기본방침을 의미한다. 예를 들면, '정실을 배제하고 공평과 능력을 우선시 하는 인사정책' 등과 같이 환경의 변화와 무관하게 적용하는 기업의 기본적인 방침을 경영정책이라고 할 수 있다.

1-3. 경영전략의 유형

전략의 수준

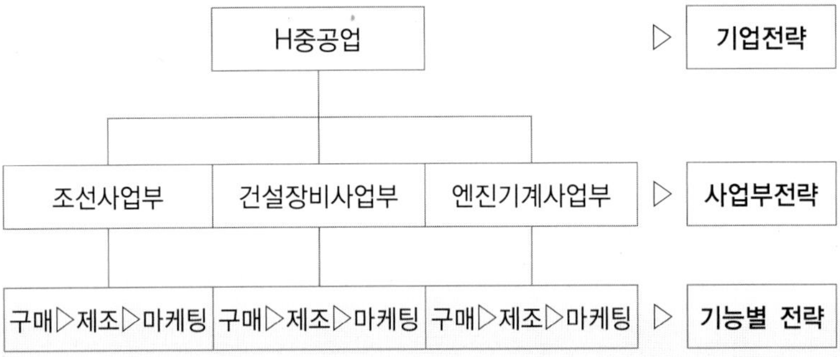

전략이 기업의 어떤 수준에서 수립되고 추진되는가에 따라 경영전략을 크게 기업전략, 사업부전략, 기능별 전략으로 구분할 수 있다.

기업전략은 기업이 종합적인 관점에서 비전과 목표를 제시한 후, 그것을 달성하기 위해 사업영역을 결정하고 자원을 배분하며 조직구조 등을 설계하는 일련의 활동을 의미한다. 예를 들면, 다각화, M&A, 아웃소싱, 글로벌경영, 신규사업진출, 철수 등이 기업전략에 해당된다.

사업부전략은 기업이 선택한 각 사업단위에서 경쟁우위를 확보하기 위한 구체적이고 실천적인 경쟁전략을 의미한다. 기업전략이 사업영역의 결정과 관련이 있다면, 사업부전략은 선택된 사업이나 산업단위별 경쟁방법과 관련이 있다. 따라서 전략적 사업단위(Strategic Business Unit)가 많은 기업들은 각 사업단위별로 상이한 전략을 수립하게 된다.

기능별 전략은 생산, 마케팅, 인사, 재무 등 기업의 주요 기능별 세부전략을 의미하며 기업이나 사업단위의 특별한 능력 또는 생산성 원천을 극대화 시키는 역할을 한다.

1-4. 전략적 의사결정 분야

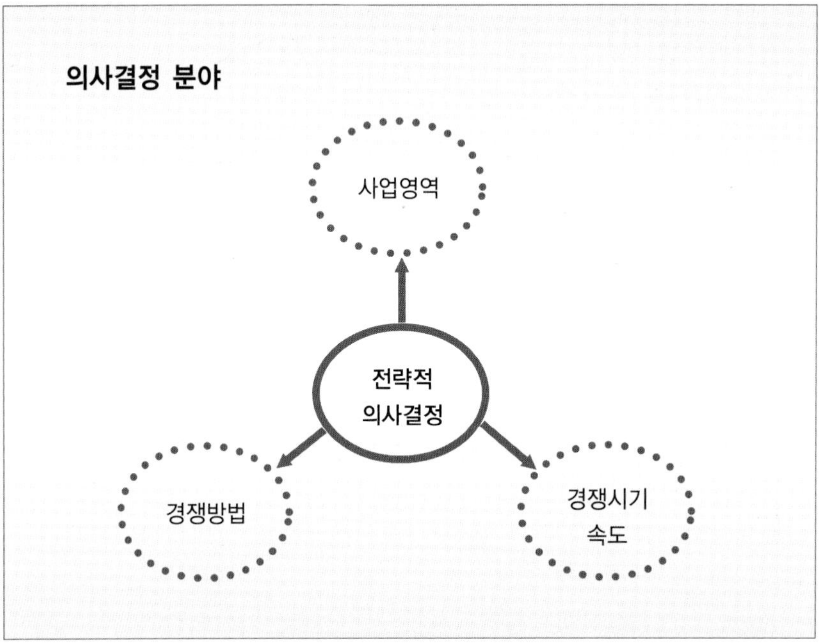

앞에서 설명한 바와 같이, 경영전략이란 기업자원의 효율적 배분에 관한 의사결정을 의미하며, 그 의사결정은 기업의 일상적 업무가 아닌 기업의 미래가 달린 주요 전략분야에 관한 것이다. 그 내용을 구체적으로 살펴보면 다음과 같이 세 가지로 구분해볼 수 있다.[5]

■ 사업영역(Where to compete)

사업영역의 결정은 기업의 전략적 자원배분과 관련된 주요 의사결정 분야이다. 기업이 자신에게 유리한 사업영역을 결정하기 위해서는 산업의 매력도, 제품 및 고객믹스, 유통채널 및 지역에 대한 전략적 선택 등이 필요하다.

---

5) 이승주, 「경영전략 실천 매뉴얼」, Sigma Insight Group, 1999.

■ **경쟁방법(How to compete)**

경쟁방법은 기업이 선택한 사업영역에서 어떻게 경쟁할 것인가를 결정하는 문제이다. 고객을 위한 가치명제(Value Proposition)의 설정, 가치전달을 위한 비즈니스 프로세스의 구축, 핵심역량에 의한 성장방식의 선택 등과 같은 의사결정들을 포함한다.

■ **경쟁시기 및 속도(When to compete)**

기업이 동태적인 관점에서 전략적 의사결정의 타이밍, 업무추진 일정, 실행속도 등을 결정하는 문제로서 기업전략의 성패에 중대한 영향을 미친다.

1-5. 경영전략의 발전

경영전략의 발전

	1950년대 →	1960년대 ~ 1970년대 초 →	1970년대 중반 ~ 1980년대 중반 →	1980년대 말 ~ 1990년대 →	2000년대
주제	예산계획/통제	장기경영계획	포지셔닝	경쟁우위	전략적 혁신
전략 유형	예산시스템	기획부서	다각화 글로벌전략	리스트럭처링 리엔지니어링 아웃소싱	전략적 제휴 네트워크구축 가상기업

경영전략은 시대별로 그 개념과 주제, 기법 등을 달리하면서 현재의 단계까지 발전되었다.[6)]

■ 1950년대

이 시기에는 경영전략이 없고 재무적 통제가 주요 이슈였다. 따라서 예산수립과 재무계획 등의 예산시스템에 의한 조정과 통제를 통해 경영관리가 이루어졌다.

■ 1960년대-1970년대 초

기업의 성장과 다각화를 위한 계획이 주요 이슈였으며, 시장의 예측과 기업의 시너지효과 제고를 위해 기획부서가 설립되어 장기경영계획을 수립하는 시기였다.

■ 1970년대 중반-1980년대 중반

이 시기에는 시장의 선택과 포지셔닝이 주요 전략적 이슈였다.

6) R. M. Grant, *Contemporary Strategy Analysis*, 6th. ed, Blackwell Publishers, 2007.

산업구조분석, 시장세분화, 경험곡선, 포트폴리오분석 등을 통해 기업들이 다각화와 글로벌전략을 실행하였으며, 기업의 조직구조는 대부분 매트릭스 구조로 바뀌었다.

■ 1980년대 말-1990년대

경쟁우위를 창출하기 위해 기업들이 리스트럭처링, 리엔지니어링, 아웃소싱 등을 통해 자원과 역량을 강화했던 시기로, E-commerce를 통한 지식경영이 본격적으로 시작되었다.

■ 2000년대

기업의 유연성과 민첩성을 향상시키기 위해 기업규모의 조정이 주요 전략적 이슈이다. 기업들은 전략적 제휴, 네트워크 구축, 가상기업 등을 통한 협력전략을 수행함으로써 기업의 경쟁력을 높인다.

1-6. 경영전략의 수립과정

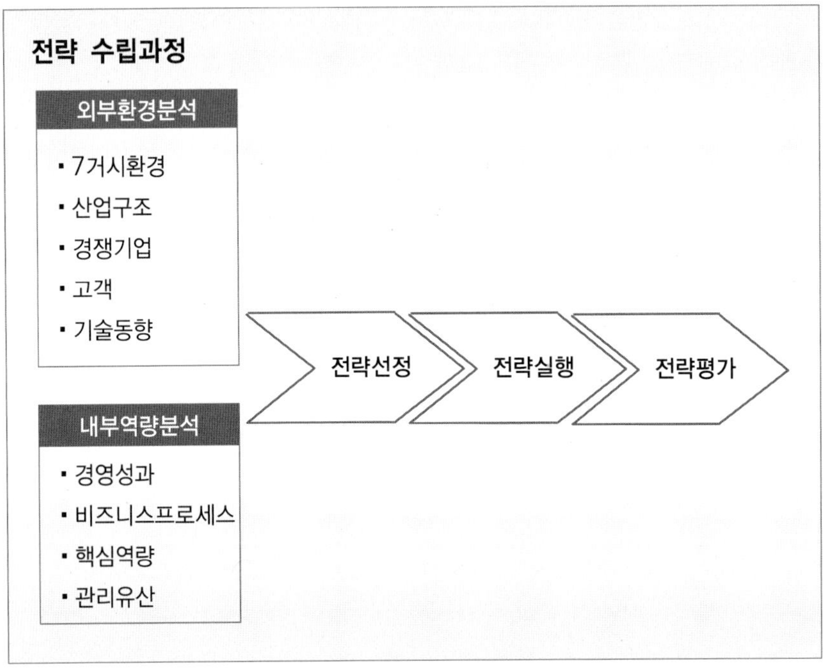

기본적인 경영전략의 수립과정은 다음과 같이 네 단계로 이루어진다.[7)]

■ 외부환경 및 내부역량 분석

현상에 대한 객관적인 분석을 위해 기업의 외부환경과 내부역량을 분석함으로써 외부환경의 기회요인과 위협요인, 그리고 기업 내부의 강점과 약점을 파악한다.

■ 전략선정

복수의 전략적 대안들을 도출하고 예상되는 재무적 효과, 실행상의 난이도, 위험요소 등을 평가한 후 최적의 전략안을 선정한다.

7) 이승주, 전게서.

■ **전략실행**

선택한 전략에 따라 현장부서의 세부적인 활동계획을 준비하고 명확한 책임소재와 일정계획 하에 경영자원을 배분한다.

■ **전략평가**

전략의 평가단계로서, 경영전략의 실행여부 및 중간결과를 수시로 관리하고 실행결과를 피드백한 후 전략을 조정한다.

1-7. SWOT 분석

SWOT 분석

외부환경 \ 내부역량	강점(S)	약점(W)
기회(O)	SO(MAX-MAX)	WO(MIN-MAX)
위협(T)	ST(MAX-MIN)	WT(MIN-MIN)

SWOT 분석은 외부환경의 기회(Opportunity)와 위협(Threats)요인, 그리고 기업내부의 강점(Strengths)과 약점(Weaknesses)을 분석한 후 전략적 대안을 도출하는 분석방법으로서, 손자병법의 지피지기 백전불태(知彼知己 百戰不殆)와 일맥상통한다. 따라서 기업은 SWOT 분석을 통해 강점을 최대화하고 약점을 최소화하면서 외부의 기회를 살리고 위협요인에 대처하는 전략을 수립할 수 있다.

SWOT 분석에 따라 기업은 다음과 같이 네 가지 전략을 수립할 수 있다.

- **SO전략**

  강점을 가지고 기회를 살리는 전략

- **ST전략**

  강점을 활용하면서 위협을 회피하거나 최소화하는 전략

- **WO전략**

  약점을 보완하면서 기회를 살리는 전략

■ **WT전략**

약점을 보완하면서 위협을 회피하거나 최소화하는 전략

외부환경을 분석하기 위해서는 주로 일반적인 거시환경, 산업(산업의 규모·전망·원가구조·유통구조·성공요인·수명주기 등), 산업구조, 경쟁기업, 고객, 기술동향 등을 분석하며 시나리오기법과 같은 다양한 분석방법들을 사용한다. 그리고 내부역량을 분석하기 위해서는 경쟁성과, 비즈니스 프로세스, 핵심역량, 관리유산 등을 분석하며 가치사슬 등의 분석방법을 이용한다.

1-8. 전략선정

대안의 평가

	재무적 효과		실행상의 난이도		위험요소		전 체 평 가
	단기 (1-2년)	장기 (3-5년)	조직의 역 량	재 무 자 원	경쟁사의 반응	기술적 변 화	
대안1 고도성장							
대안2 현상유지							
대안3 단기수익증대							

자료: 이승주, 「경영전략 실천 매뉴얼」, Sigma Insight Group, 1999.

경영환경에 대한 분석이 끝나면 최적의 전략을 선정하기 위해 복수의 전략적 대안을 도출한다. 이 때 기존의 관행이나 고정관념에서 벗어나 과감하고 혁신적인 사고, 즉 전략적 사고(Strategic Thinking)를 하는 것이 무엇보다 중요하다.

전략적 사고란 사실에 근거한 논리적 분석을 기반으로 고정관념을 타파하고 획기적인 아이디어와 통찰을 추구하면서 지속적인 학습과 적용을 통해 개발되는 행동지향적이고 성과지향적인 사고방식이라고 할 수 있다. 따라서 전략적 사고란 객관적인 분석능력과 주관적인 직관력의 합성체라고 할 수 있다.[8)]

전략적 대안들을 도출하고 나면 다음과 같이 대안별로 재무적 기대효과, 실행상의 난이도, 위험요소와 같은 객관적인 기준들을 평가한 후 최적의 전략안을 선정한다.[9)]

---

8) K. Ohmae, *The Mind of the Strategist*, McGraw-Hill, 1982

9) 이승주, 전게서.

■ **재무적 효과**

각 대안별로 예상되는 수익성이나 현금흐름을 단기 또는 장기로 구분하여 추정한다.

■ **실행상의 난이도**

기업이 전략을 실행하는 데 필요한 자금과 조직역량 등을 고려하여 평가한다.

■ **위험요소**

예상위험은 경쟁기업의 반응과 기술혁신에 따른 위험요인들을 예측하여 평가한다. 특히 변동성이 큰 산업의 경우에는 위험요소가 전략적 대안을 평가하는 데 중요한 기준이 된다.

그러나 도출된 대안들의 위험요소를 정량적으로 평가하기란 쉽지 않다. 따라서 상황에 따라 전문가나 경험자의 조언을 활용할 수 있는 Brainstorming 또는 과거의 데이터 등을 활용하여 다양한 의견을 종합한 후 정량화하는 것이 효과적이다.

1-9. 전략실행계획

전략실행계획

재무

R&D

제조

판매

활 동 내 용	책임자	일 정
목표고객 리스트 개발 및 방문계획	양OO	11월 14일
영업사원 20명 추가 채용 및 교육	이OO	12월 20일
ABC지역에서 시범 프로젝트 실시	김OO	1월 10일
시장점유율 20% 확보를 위한 판촉개시	박OO	2월 20일

자료: 이승주, 전게서.

전략대안, 즉 사업방향이 선정되고 나면 바로 전략을 실행하기 위한 구체적 계획이 마련되어야 한다. 전략 자체가 기업의 목적이나 방향을 정하고 이를 달성하기 위해 자원을 배분하는 의사결정이라면, 계획은 개념적인 전략을 현실에 실천하기 위한 활동이라고 할 수 있다. 따라서 전략실행을 위한 계획은 구체적으로 운영계획과 예산계획을 의미한다.

운영계획은 인사, 재무, 연구개발, 생산, 영업 등 각 기능별로 구체적인 활동내용, 책임소재, 일정 등을 명시한 세부계획을 말하며, 예산계획은 이를 자금으로 뒷받침해 주기 위한 예산분배를 의미한다. 이런 면에서 보면, 계획은 단기에 이루어지는 기능별 및 개별 계획으로 전술적인 성격이 강하다고 할 수 있다. 위 그림은 판매부문에서 계획의 내용을 예시적으로 보여주고 있다.

1-10. 전략평가

전략평가시스템 프레임워크

	계획영역	실행영역	평가영역
평가의 여 건	**조직구조수준** 전략수립의 특징 **권한위양정도**	전략실행의 특징	평가체계의 유무
평가의 내 용	비전설정 목표설정 전략수립	목표달성 전략실행 업무프로세스	여건평가 전략평가 사람평가
평가의 반 영	목표변경 전략보완 조직 재설계 **책임/권한조정**	인센티브 전환배치교육훈련 업무프로세스개선	평가방법 개선

자료: 조동성, 「21세기를 위한 전략경영」, 서울경제경영, 1998

전략평가는 기업이 전략을 수립하고 실행한 후 계획목표와 실제성과 간의 차이를 비교하는 단계로 평과결과의 피드백을 통해 새로운 전략수립에 정보를 제공하는 역할을 한다. 따라서 평가자체는 경영전략 수립과정의 마지막 단계이지만 평가결과가 다시 새로운 전략의 수립과 실행과정에 피드백(Feedback)되기 때문에 계획(Planning), 실행(Doing), 평가(Seeing)의 경영활동 프로세스처럼 연속과정으로 이해할 필요가 있다.

효과적인 평가를 위해서는 전략 전반에 관한 정확한 분석과 함께 평가결과를 신속하게 피드백할 수 있는 평가시스템이 구축되어야 한다. 전략평가시스템(Strategy Evaluation System)은 경영자가 경영성과 제고를 위해 바람직한 전략을 수립할 수 있도록 사전에 전략상의 오류를 예방하고, 또 발생오류의 조기 수정을 가능하게 하는 내부의 지배메커니즘의 기능을 수행한다. 따라서 조직의 유효성 측면에서 조직의 각 단계별로 계획, 실행, 평가의 요소를 달리할 필요가 있다. 최고경영자는 전략에 대한 계획, 실행, 평가를 책임지고, 중간관리자는 관리에 대한 계획, 실행, 평가를 담당한다. 그리고 하위관리자나 기능부서 구성원들은 기능에 대한 계획, 실행, 평가를 담당해야 한다. 결국 전략평가시스템이란 경영환경의 변화요인을 고려하여 전략의 실행 및 결과를 평가해주고, 전체 조직의 관점에서 장기적으로 기업경쟁력을 향상시킬 수 있도록 평가의 여건, 평가의 내용, 평가의 반영을 고려한 평가시스템이라고 할 수 있다.[10)]

10) 조동성, 「21세기를 위한 전략경영」, 서울경제경영, 1998

제 2 장

외부환경 분석

2-1. 외부환경요인

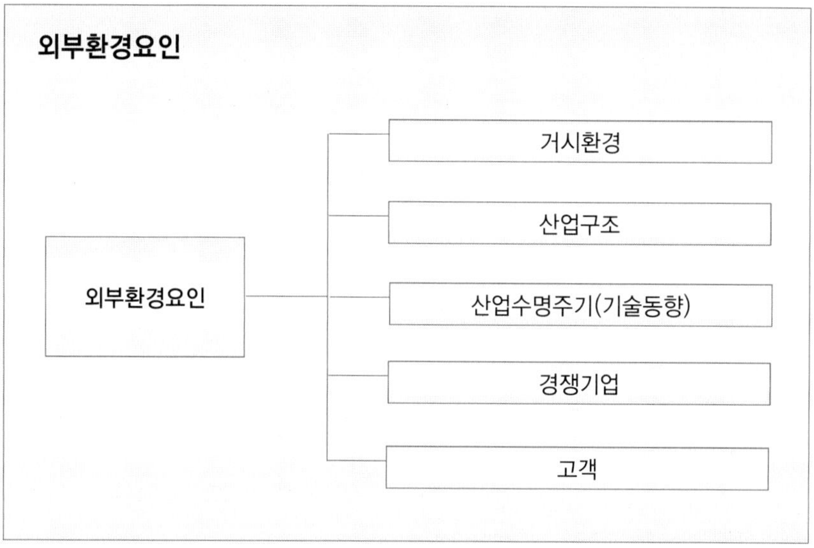

외부환경이란 기업이 경영활동을 하면서 직·간접적으로 직면할 수 있는 거시 및 미시환경을 말한다. 거시환경은 기업이 참여하는 산업의 종류에 관계없이 모든 기업들의 경영활동에 영향을 줄 수 있는 환경을 의미하는 반면, 미시환경은 특정산업에 참여하는 기업들에게만 영향을 미치는 환경을 의미한다. 외부환경 분석의 절차는 일반적으로 거시환경부터 미시환경 순으로 이루어진다.

외부환경요인은 개별기업이 통제하기 어렵다는 특징을 가지고 있다. 그리고 이 요인은 성격에 따라 기업의 경영활동에 기회 또는 위협요인으로 작용하면서 기업의 의사결정과 경영성과에 중대한 영향을 미친다. 따라서 외부환경요인을 현재의 상황에서 위협과 기회요인으로 명확하게 구분하고, 미래의 변화까지 예측할 필요가 있다.

본 장에서는 외부환경요인을 거시환경, 산업구조, 산업수명주기, 경쟁기업, 그리고 고객으로 나누어 살펴본다.

2-2. 거시환경 분석

거시환경 분석

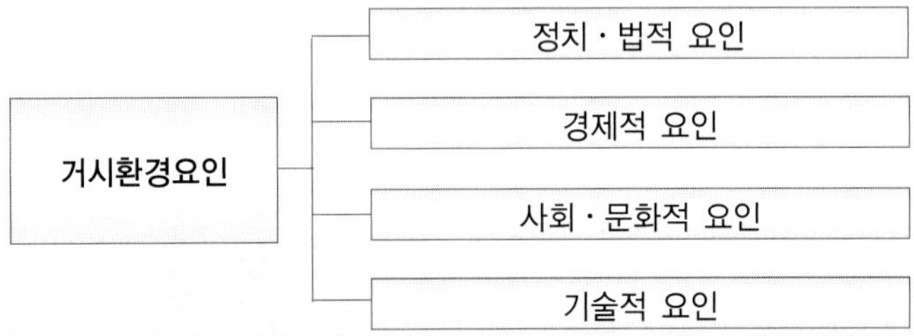

기업을 둘러싸고 있는 거시환경요인은 그 종류가 다양하고 내용들이 복잡하기 때문에 제한된 자원을 가진 기업들이 모든 요인들을 체계적으로 분석하기는 어렵다. 따라서 기업들은 자사와 직접적인 관계가 있거나 또는 기업의 전략수립에 중대한 영향을 미치는 요인들을 선별하여 정확하게 분석할 필요가 있다.

일반적으로 거시환경 분석은 다음과 같이 정치 · 법적 요인(Political-legal), 경제적 요인(Economic), 사회 · 문화적 요인(Social-cultural), 기술적 요인(Technological) 등 네 가지 요인들을 분석하기 때문에 PEST 분석이라고도 불린다.

■ 정치·법적 요인

정치체제, 무역정책, 외교정책, 재정정책, 그리고 다양한 법규와 규제 등이 여기에 해당한다.

■ 경제적 요인

경제적 요인은 경제성장률, 물가상승률, 실업률, 가처분소득 수준, 국제수지, 금리, 환율, 에너지가격 등이 주요 분석대상이다.

■ 사회·문화적 요인

글로벌경영에서 그 중요성이 더욱 커지고 있는 사회·문화적 요인에는 인구통계적 추세, 행동양식 및 규범, 소비자의 라이프스타일, 환경에 대한 관심, 여성의 역할, 가치관, 종교, 교육수준 및 문맹률 등 다양한 요인들이 있다.

■ 기술적 요인

정보기술, 뉴미디어, 첨단기술, 기술수명주기, 기술인력 양성을 위한 정부 및 학계의 R&D 예산 등이 기업성과에 중대한 영향을 미치는 기술적 요인들이다.

2-3. 산업구조 분석

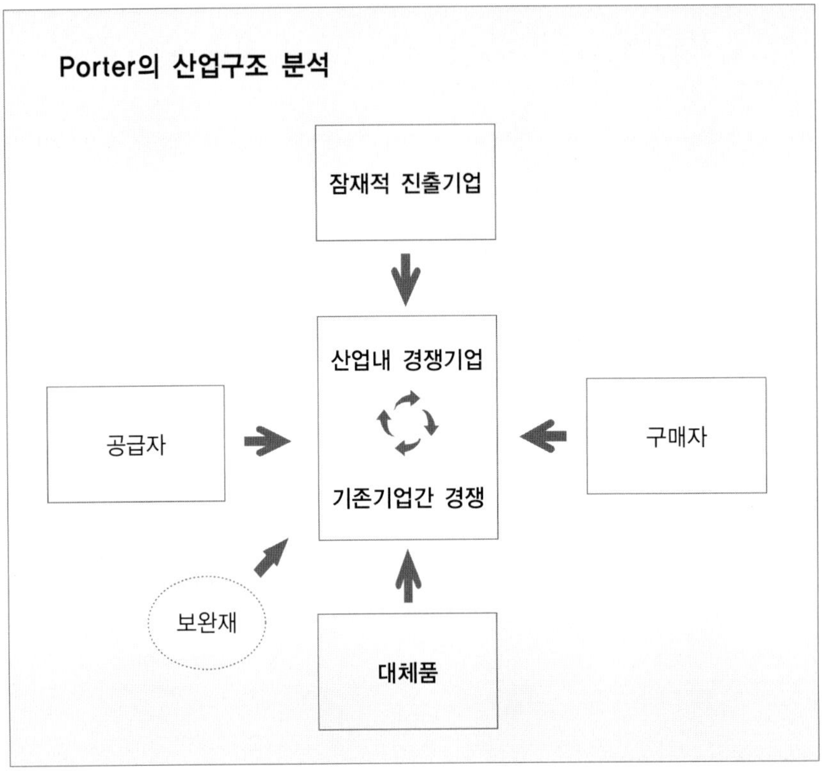

기업이 산업의 매력도를 측정하기 위해 이용하는 변수에는 산업의 구조적 특성, 산업수명주기, 산업의 규모와 전망, 원가구조, 유통구조, 주요 성공요인 등 다양한 변수들이 있지만, 특히 산업구조와 함께 산업수명주기와 같은 변화추세는 그 중요성 때문에 전략 수립 전 반드시 체계적이고 정확한 분석이 요구된다.

산업구조 분석은 전략적 관점에서 산업 내의 경쟁구조를 통해 산업매력도를 분석하게 되는데, 특정산업 내의 경쟁은 반드시 기존의 동일한 경쟁상품군에 의해서만 이루어지는 것이 아니고 공급자(Suppliers), 구매자(Buyers), 대체품(Substitutes), 그리고 잠재적 진

출기업(Potential Entrants)까지 경쟁범위에 포함시킨다.[1)]

예를 들면, 구매자의 입장인 기업보다 상대적 우위에 있는 공급자가 가격인상 등의 위협을 통해 교섭력을 발휘하거나, 역으로 구매력이 큰 구매자가 가격인하나 품질향상을 요구하는 경우 구매자 혹은 공급자의 입장에 있는 기업은 그 산업에서 수익성이 떨어질 수밖에 없다. 따라서 기존 경쟁자의 보복가능성이 낮고 안정된 공급선을 확보하고 있으며 정부의 진입규제나 규모의 경제 등으로 시장진입장벽이 높을 뿐만 아니라 제품차별화로 대체품의 위협이 미약하고 구매자의 전환비용이 높을 경우 그 산업은 매력적이라고 평가할 수 있다.

최근 Porter의 다섯 경쟁자에 외에 새로운 경쟁자로서 보완재(Complements)에 대한 관심이 높아지고 있다. 만약 산업의 가치를 보다 더 향상시킬 수 있는 보완재의 공급자가 상당한 구매력을 가지고 가격인상을 요구한다면 기업의 수익성은 떨어질 수밖에 없고 따라서 산업의 매력도도 하락하게 될 것이다.

1) M. Porter, *Competitive Strategy*, Free Press, 1980.

2-4. 가치망

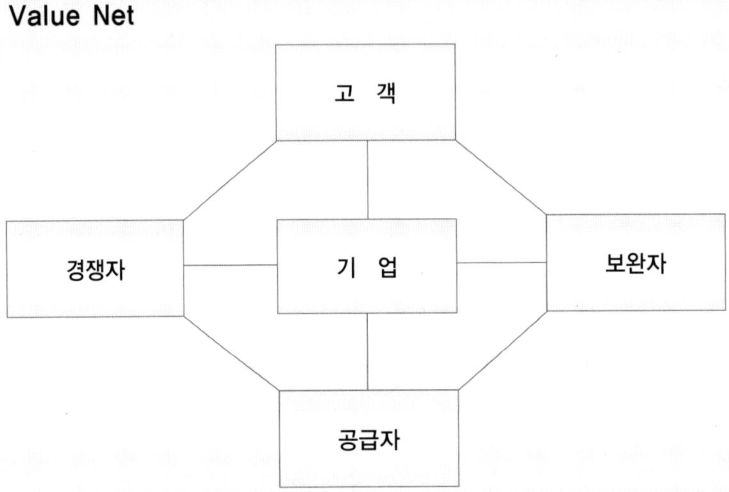

자료: R. M. Grant, *Contemporary Strategy Analysis*, 6th. ed, Blackwell Publishers, 2007.

산업의 구조에 보완재를 포함한 분석모형으로 가치망(Value Net)이 있다. 기업들은 가치망을 통해 산업구조를 분석함으로써 산업매력도를 평가할 수 있다. 경쟁관계를 중시하는 Porter의 산업구조 분석모형과 달리, 가치망은 보완자(Complementor)를 추가하여 경쟁과 협조관계를 함께 분석한다. 즉, 공급자와 고객, 경쟁자와 보완자간의 상호관계를 분석함으로써 모두의 가치를 높일 수 있는 분석모형이라고 할 수 있다.

일반적으로 보완자란 보완재를 공급하는 업체를 의미한다. 자사의 제품만을 사용하는 것보다 특정제품을 함께 사용할 때 자사제품의 가치가 높아진다면 이들 두 제품은 보완적 관계에 있다고 할 수 있다.

2-5. 산업수명주기

산업수명주기

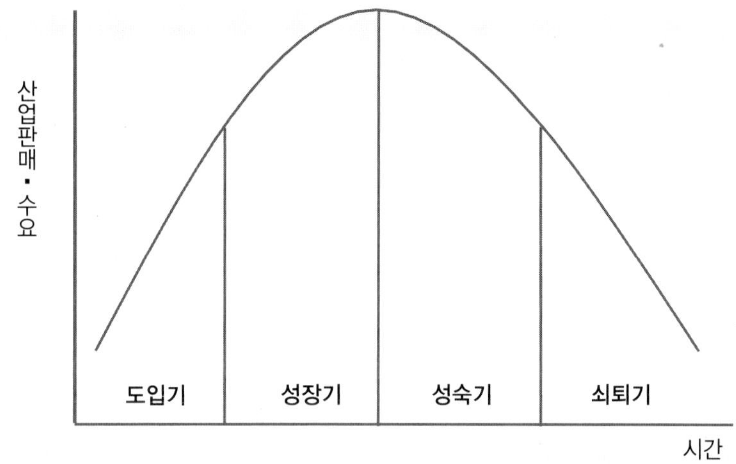

경쟁	소수, 기술	신규진입/철수	진정, 합병	가격전쟁, 철수
기술	신속한 제품혁신	제품/공정혁신	점진적 혁신	보편화

산업의 매력도를 평가하기 위해 필요한 또 하나의 분석요인은 산업의 변화추세나 기술동향이다. 이들을 효과적으로 파악할 수 있는 방법은 산업수명주기(Industry Life Cycle)를 이용하는 것이다.

산업도 제품의 수명주기처럼 일정한 진화과정을 겪는다. 산업이 초반의 도입기를 지나면 수요가 급증하는 성장기에 이르게 되고, 이후 산업의 성장은 성숙기를 거쳐 수요가 급감하는 쇠퇴기를 맞이하게 된다. 산업이 성장하면서 수요는 고소득층 중심에서 점차 대중화되기 시작하고, 경쟁은 신규업체의 진입 확산으로 더욱 치열해진다. 이때 경쟁력이 없는 기업이나 제품이 도태되면서 궁극적으로 산업의 재편이 이루어진다.

산업수명주기는 각 단계별로 기업에게 새로운 전략적 기회를 제공한다. 먼저 도입기에는 기업들이 기술선도, 산업표준의 주도, 전략적 자산의 선점, 미래 유망사업에 대한 옵션 구축과 같은 전략들을 추진할 수 있다. 성장기에는 제품라인을 정교화하거나 확대하는 전략, 그리고 성숙기에는 제품/고객믹스의 합리화나 해외시장진출 등을 고려할 수 있다. 마지막 쇠퇴기에는 M&A를 통한 산업구조조정, 틈새시장의 이동, 철수 등을 통한 경영자원의 재배치를 통해 새로운 전략적 기회를 창출할 수 있다.

그러나 전략의 선택은 산업 내에서 기업의 경쟁적 위치가 어디에 있는가에 따라 달라진다. Arthur D. Little, Inc.는 기업의 경쟁적 위치와 시장수명주기단계의 두 변수를 이용하여 '수명주기 포트폴리오 매트릭스'를 개발하였는데, 기업의 경쟁적 위치는 다음과 같이 여섯 단계로 구분된다.

- 지배적 위치(Dominant)
- 강한 위치(Strong)
- 양호한 위치(Favorable)
- 방어가능 위치(Tenable)
- 약한 위치(Weak)
- 생존불능 위치(Nonviable)

기업의 경쟁적 위치가 지배적 위치로 올라갈수록 기업들은 수명주기 단계별로 다양한 전략의 선택이 가능하지만 생존불능으로 내려가는 기업들은 위험상태가 확대되면서 틈새시장 개발이나 철수 외에 달리 선택의 여지가 없어진다. 수명주기 포트폴리오 매트릭스는 8장에서 더 구체적으로 살펴보도록 한다.

2-6. 경쟁기업 분석

경쟁기업 분석 빙산모델

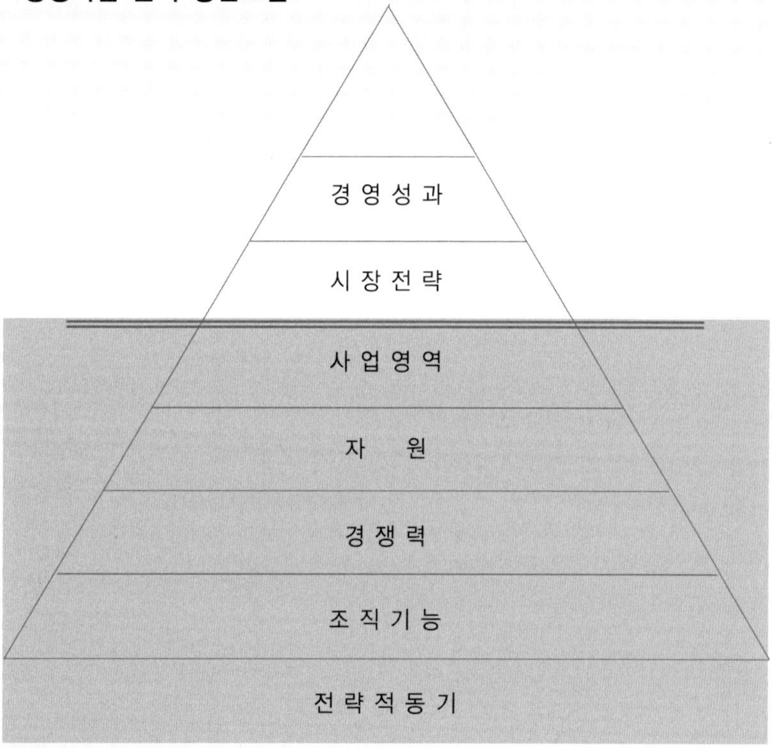

자료: D. Abell, Managing with Dual Strategies, Free Press, 1993.

경쟁기업은 기업의 경영활동에 중대한 영향을 미치는 외부환경 요인 가운데 가장 직접적으로 영향력을 행사하는 요인이라고 할 수 있다. 따라서 기업은 자신의 핵심역량을 극대화할 수 있는 경쟁전략을 수립하기 위해 무엇보다 먼저 경쟁기업이 누구인가를 명확하게 정의해야 한다.

현재와 미래의 경쟁기업을 정의한 후, 기업은 경쟁기업 분석을 위해 필요한 경쟁자 정보를 획득한다. 일반적으로 경쟁기업의 주요 정보는 기업내부에서 보안으로 취급하기 때문에 필요와 목적에 따라 적절한 정보 소스(Source)를 선택할 필요가 있다.

경쟁기업 분석에 사용되는 정보는 주로 경쟁기업의 기본적인 사업구조와 제품, 조직, 경영성과, 미래 목표, 강점 및 약점 등이다. 경쟁자 정보는 빙산모델을 통해 보다 그 내용을 더 체계적으로 분석할 수 있다. 빙산모델은 경쟁기업의 성과, 시장전략, 사업영역과 같이 수면 위에 드러나는 가시적 요소뿐만 아니라, 경쟁우위의 원천인 기업의 자원과 경쟁역량, 그리고 조직의 운영, 전략적 동기와 같이 쉽게 드러나지 않는 요소들까지 전반적으로 평가에 포함한다.

2-7. 전략집단을 이용한 경쟁기업 분석

자동차산업의 전략집단도

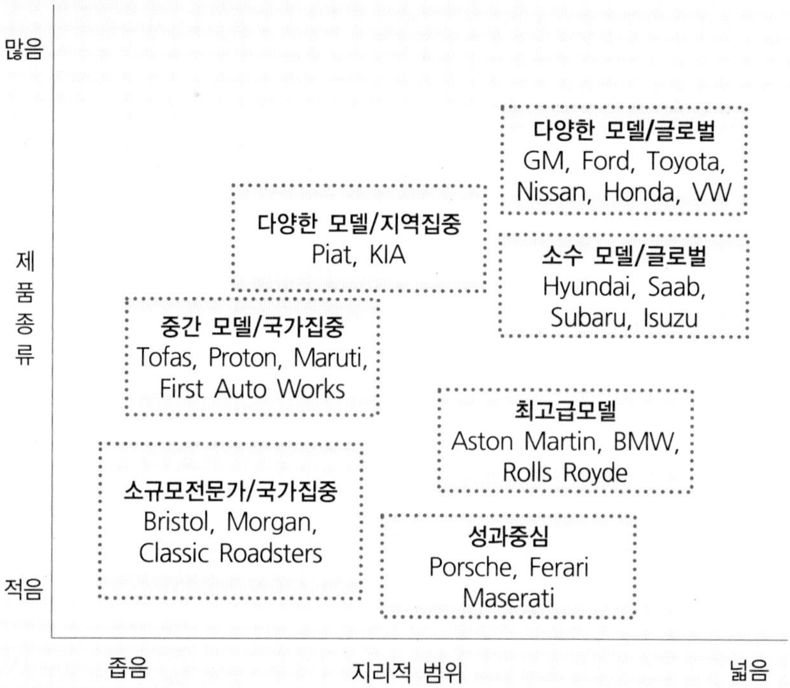

자료: R. M. Grant, *op. cit.*

Caves와 Porter 등의 학자들에 의해 개발된 전략집단(Strategic Group)은 특정산업 내의 모든 경쟁기업들 가운데 제품이나 시장, 유통망, 기술 등의 측면에서 동일하거나 또는 유사한 전략을 추구하는 기업들의 집단을 의미한다.[2)]

2) Richard E. Caves and Michael E. Porter, "From Entry Barriers to Mobility Barriers: Conjectural Decision and Contrieved Deterrence to New Competition," *Quarterly Journal of Economics* 91, 1977, pp.241-262.
John McGee and Howard Thomas, "Strategic Groups: Theory, Research and Taxonomy," *Strategic Management Journal* 7, 1986, pp.141-160.

산업 내의 모든 기업들이 동일한 전략을 추구한다면 단 하나의 전략집단이 존재할 것이고 저마다 각각 다른 전략을 추구한다면 개별기업 하나하나가 별개의 전략집단이 되겠지만 일반적으로 산업 내에는 기본적인 전략상의 차이로 복수의 전략집단들이 존재한다.[3]

전략집단을 이용한 경쟁기업 분석은 특정산업 내의 기업들이 동질적인 산업구조를 반영하여 동일한 전략을 구사하게 된다면 기업 능력상 차이를 제외하고는 거의 동일한 성과를 거두게 될 것이라는 비현실적인 가설에 대한 비판적 시각이라고 할 수 있다.

현실적으로 동일한 산업에 속한 기업끼리도 기업이 가지고 있는 차별적 특성 때문에 이질적 전략집단이 존재하게 되고, 전략집단간의 이동장벽(Mobility Barrier), 즉 산업 내 진입장벽의 존재로 전략집단간의 성과가 다르게 나타나는 것이다.

이질적 전략집단들을 효과적으로 구분하고 개별기업에 대해 전략적 시사점을 제공해주는 분석도구로 전략집단도(Strategic Group Map)가 있다. 전략집단도란 산업 내 기업들을 전략적으로 가장 잘 구분할 수 있는 두 개의 변수를 선정하여 산업 내 기업들을 대상으로 각각의 변수들을 측정한 다음, 그 크기에 따라 기업들을 몇 개의 전략집단으로 분류하는 그림을 말한다.

---

3) 조동성, 「21세기를 위한 전략경영」, 서울경제경영, 1998

2-8. 고객 분석

한국의 블루슈머		
구 분	관련통계	유망산업
이동족	• 하루 평균 이동시간 5분 증가 (1999년 1시간 35분 → 2004년 1시간 40분) • 건강을 위한 걷기 5분 증가 (1999년 6분 → 2004년 11분)	▶ 이동형 엔터테인먼트 (무료신문, DMB, PMP)
무서워하는 여성	• 강간 68% 증가 (2000년 6982건 → 2005년 1만1727건) • 살인 13% 증가 (2000년 964건 → 2005년 1091건)	▶ 싱글 여성들을 위한 안전 상품/서비스 (호신용 충격기, 휴대전화 호신 서비스)
20대 아침사양족	• 20대 아침식사 거르는 비율 49.7% (2006년 기준, 370만 8000명)	▶ 20대가 간편하게 즐길 수 있는 아침식사대용식 (생식용 두부, 커피전문점 모닝 세트)
피곤한 직장인	• 피로감 느끼는 취업자 수 3.7% 증가 (1999년 85.4% → 2004년 89.1%)	▶ 직장인 스트레스지수 낮추는 '휴(休)&탈(脫)스트레스' 상품/서비스 (차 전문점, 스파, 펜션, 댄스학원)
3050 일하는 엄마	• 30~50대 여성 취업자 수 16.8% 증가 (2000년 547만명 → 2006년 639만명)	▶ 엄마 주부의 역할 대행 상품/서비스 (에듀시터, 플레이 튜터, 로봇 청소기)
살찐 한국인	• 1인당 지방질 공급량 10.6% 증가 (2000년 80.1g → 2005년 88.6g)	▶ 제로 칼로리, 제로 지방 식품 (무칼로리 차, 무지방우유)
자료: 통계청, 2007.		

고객은 기업들에게 위협과 기회를 함께 제공함으로써 기업의 경쟁력을 좌우하는 중요한 요인이다. 최근 거시환경의 급속한 변화에 따른 소비자들의 욕구와 소비패턴의 변화가 기업에게 위협적인 요인이 될 수도 있지만 새로운 사업의 기회가 될 수도 있다. 통계청이 발표한 한국의 블루슈머(Blue Ocean + Consumer)가 바로 그와 같은 좋은 사례라고 할 수 있다.

2-9. 시장세분화를 이용한 고객 분석

시장세분화

시장 세분화	1. 세분화 기준변수 파악 2. 시장세분화 매트릭스 작성
⇩	
목표시장 선정	3. 세분시장의 매력도 평가 4. 목표시장 선정
⇩	
포지셔닝	5. 각 표적시장별 포지셔닝을 위한 위치 파악

기업이 효과적인 마케팅전략을 수립하기 위해서는 가장 먼저 자신의 주요 고객이 누구인가를 파악하고 이들의 구매동기와 만족도 그리고 충족되지 못한 욕구를 이해해야 한다. 이와 같은 내용을 효과적으로 분석하기 위해 기업은 시장세분화(Market Segmentation)를 통해 고객을 보다 체계적으로 분석할 필요가 있다.

시장세분화란 전체 시장을 동질적 욕구를 가진 고객끼리 또는 영업활동에 의미 있는 동질적 부분시장끼리 구분하는 작업을 의미한다. 기업은 이렇게 세분화된 시장들 가운데 가장 매력적인 목표시장을 하나 이상 선택한 후 궁극적으로 경쟁제품과 차별화할 수 있도록 자사제품의 상대적 경쟁우위 위치를 소비자들의 의식 속에 심어주는 포지셔닝(Positioning)을 하게 된다.

2-10. 시장세분화의 기준

시장세분화의 기준변수

변 수	내 용
제품특성 변수	가격, 크기, 기술, 투입요소
인구통계적 변수	연령, 지역, 성별, 소득, 직업, 학력
심리적 변수	사회계층, 라이프스타일, 개성
구매행동 변수	사용경험, 사용량, 충성도
사용상황 변수	제품에 따라 다양
추구편익 변수	기능적 편익, 심리적 편익

효과적인 시장세분화를 위한 첫 번째 과정은 적절한 기준변수를 파악하는 것이다. 일반적으로 대부분의 제품에 적용할 수 있거나 모든 상황에 유효한 절대적 세분화 기준이나 변수는 존재하지 않는다. 그 이유는 어떤 세분화 기준이 특정 제품에서는 효과적일지라도 다른 제품에서는 그렇지 않을 수도 있기 때문이다.

어떤 세분화기준을 사용하느냐는 사업이나 제품의 성격과 분석 목적에 따라 달라질 수 있다. 일반적으로 마케팅에서 사용하는 시장세분화의 기준으로 제품특성 변수, 인구통계적 변수, 심리적 변수, 구매행동 변수, 사용상황 변수, 추구편익 변수 등을 들 수 있다.

2-11. 시나리오 분석방법

시나리오계획 도출과정

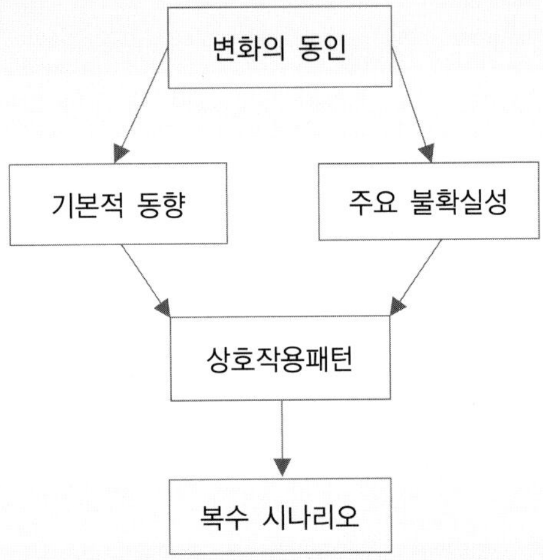

자료: P. Schoemaker, "Scenario Planning: A Tool for Strategic Thinking", Sloan Management Review, Winter, 1995.

시나리오 분석(Scenario Analysis)방법은 외부환경요인 중 불확실성이 크고 이해관계자의 관심도가 높은 요인들을 고려하여 예측 가능한 다양한 미래 시나리오들을 도출함으로써 단순 예측기법의 한계를 보완할 수 있다.

시나리오의 도출은 다음과 같은 과정을 따른다.

첫째, 외부환경의 기본적인 동향과 주요 불확실성에 영향을 미치는 변화의 동인(Drivers of Change) 파악한다.

둘째, 각각의 변화동인이 산업환경에 영향을 미칠 수 있는 가능성을 예측한다. 이때 변화동인은 영향력과 불확실성으로 구분하여 측정한다.

셋째, 기본적 동향, 주요 불확실성, 변화동인간의 상호작용 패턴을 분석한다.

넷째, 예상되는 결과 중 가능성이 높거나 관심이 있는 시나리오를 복수(2개-4개)로 도출한다. 이때 시나리오들은 각각의 차별성을 지녀야 하며, 너무 많은 시나리오를 도출하게 되면 분석을 정교하게 할 수는 있지만 유의성이 떨어진다.

다섯째, 각각의 시나리오들과 기업간의 관계를 분석한다.

여섯째, 각 시나리오의 발생 가능성을 보여주는 표징을 발견한다.

마지막으로, 각 시나리오의 발생 가능성에 대비하여 구체적인 계획을 마련한다.

자동차산업의 경우, 예측 가능한 시나리오의 도출과정을 다음과 같이 가정할 수 있다. 먼저 주요 변화동인들을 추출해야 하는데, 세계경제의 글로벌화 추세, 기술변화의 속도, 환경에 대한 관심, 소비자의 기호변화, 세계경기 전망, 유가의 변화 등을 주요 동인으로 고려할 수 있다. 그리고 각 동인의 영향력과 불확실성을 측정한 후, 다음과 같이 세 개의 시나리오를 도출한다. 여기에서는 글로벌화와 소비자의 기호변화 등을 영향력과 불확실성이 가장 큰 변화동인으로 가정한다.

■ 시나리오 1

글로벌화의 지속적인 촉진, 세계경기의 상승세, 자동차 생산기술의 표준화, 유가의 하락세로 글로벌 자동차기업의 시장지배력이 강화할 것으로 예측

■ 시나리오 2

글로벌화와 지역화의 동시 진행, 그리고 자동차 소비자들의 기호가 다양해지면서 글로벌 자동차기업과 소규모의 특화모델 생산기업이 공존할 것으로 예측

■ 시나리오 3

글로벌화의 지체, 세계경기의 하락세, 유가의 상승세, 자동차 생산기술의 보편화, 소비자 기호의 다양화 등으로 글로벌기업의 경영이 악화될 것으로 예측

2-12. 미국 자동차 Big3의 위기

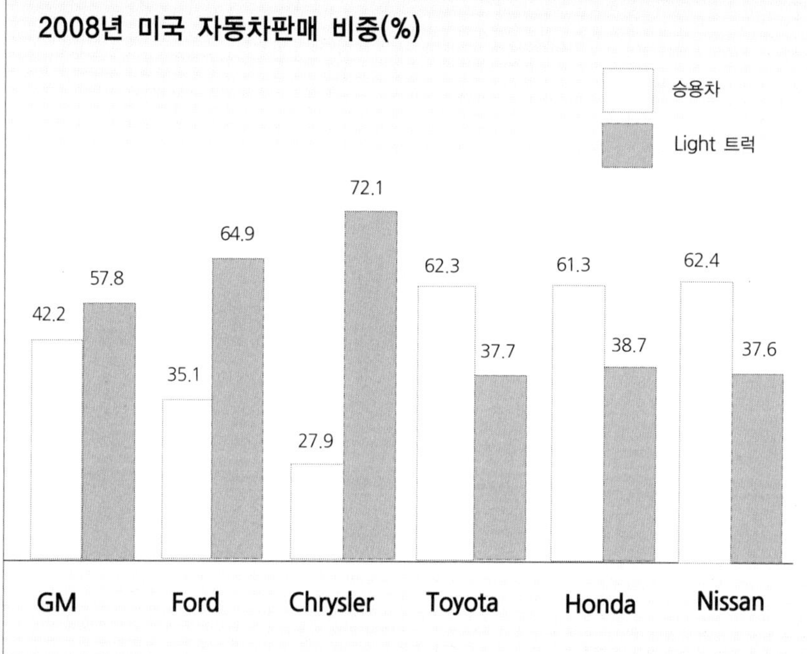

자료: 박종석, "자동차 Big3의 실패로부터 배우는 교훈", LGERI 리포트, 2009. 재인용.

세계 최초로 컨베이어벨트를 통해 Model T를 대량생산하면서 자동차의 역사를 새롭게 썼던 Ford, 2000년까지 Fortune 500 랭킹에서 줄곧 1위를 차지했던 GM, 그리고 뛰어난 경영자 아이아코카(Lee A. Iacocca)로 유명했던 Chrysler 등 미국 자동차 Big3가 최근의 글로벌 경기침체와 급변하는 시장환경으로 인해 심각한 위기에 처해있다.

미국 자동차 Big3가 정부의 공적 자금을 지원받을 정도로 위기에 처하게 된 원인을 전문가들은 Big3가 외부환경 변화를 정확히 읽지 못하고 위기에 효과적으로 대응하기 위한 전략적 대비를 서

두르지 않았기 때문이라고 지적하고 있다. 자동차산업에서 가장 두드러진 외부환경의 변화는 무엇보다도 생산자 중심에서 시작했던 자동차시장이 오늘날 소비자 중심으로 이동했다는 것이다. 그리고 지속적인 유가상승과 경기침체는 자동차 소비자의 니즈와 욕구를 변화시켰다. 이와 같은 외부환경의 변화에 적절히 대응한 Toyota나 Honda가 승용차 중심의 포트폴리오를 구축한 반면, Big3는 고수익성 위주의 포트폴리오 전략, 즉 수익성은 높지만 연료효율성이 상대적으로 낮은 SUV나 픽업 트럭과 같은 Light 트럭 중심의 포트폴리오를 그대로 유지하고 있었다.[4)]

그러나 미국경기의 급속한 침체로 인해 소득수준이 떨어진 미국소비자들은 고유가 부담을 극복하기 위해 결국 고비용 비효율 차종을 외면하기 시작하였다. 한때 전 세계 자동차시장을 장악했던 Big3가 2009년에 급격한 판매부진과 함께 최악의 위기에 빠지게 된 주요 원인은 이들이 자동차산업과 관련하여 시장, 고객, 경쟁기업 등 외부환경요인의 변화를 제대로 읽지 못했기 때문이다. 글로벌경기의 침체, 유가폭등, 소비자니즈의 다양화, 경쟁기업의 비용혁신 등 외부환경이 급속히 변화하고 있음에도 불구하고 이들은 비용절감과 함께 고객가치 창출을 위한 기술혁신에 투자하는 등의 적절한 전략적 행동을 취하지 못했기 때문에 스스로 오늘날의 위기를 자초하게 된 것이다.

---

4) 박종석, "자동차 Big3의 실패로부터 배우는 교훈", *LGERI 리포트*, 2009.

제 3 장

내부역량 분석

3-1. 내부역량 분석

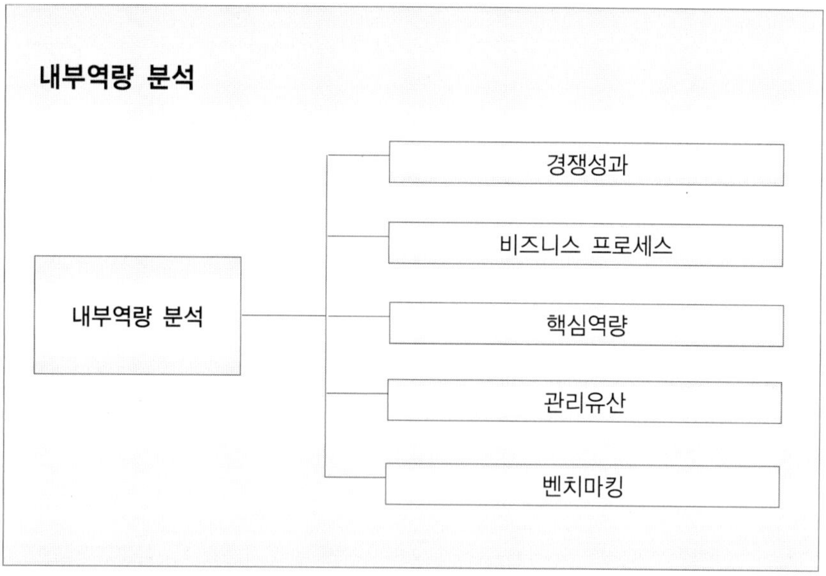

내부역량 분석이란 기업이 외부환경 분석을 통해 파악한 사업 기회를 성공적으로 실행하기 위해 기업 내의 다양한 내부자원과 능력 등을 객관적으로 분석하는 과정을 의미한다. 기업은 자신이 보유한 내부역량의 분석을 통해 조직의 강점과 약점을 정확히 평가할 수 있다.

본 장에서는 기업의 내부역량 강화와 관련된 다양한 요인들을 고려하여, 내부역량 분석을 다음과 같이 경쟁성과 분석, 비즈니스 프로세스 분석, 핵심역량 분석, 관리유산 분석, 그리고 벤치마킹의 다섯 부분으로 나누어 살펴보고자 한다.

3-2. 경쟁성과 분석: 기업중심적 성과

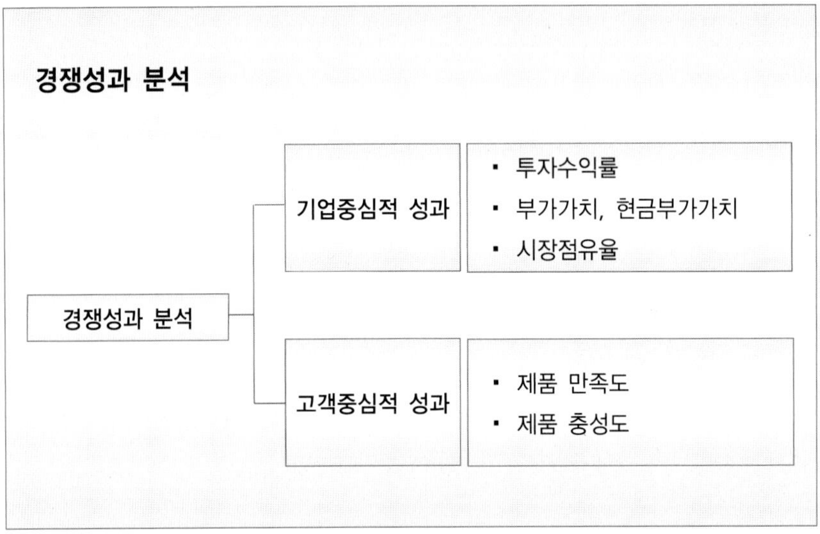

경쟁성과란 기업의 경영전략에 따른 영업성과를 의미하며, 크게 기업중심적 성과와 고객중심적 성과로 구분할 수 있다. 먼저 기업중심적 성과분석은 주로 투자수익률, 부가가치, 현금부가가치 등과 같은 재무적 성과지표나 시장점유율 등을 분석한다.

▪ 투자수익률(Return on Invested Capital)

운전자본과 고정자산으로 구성된 투하자본 대비 이익을 나타내는 수익성 지표를 의미한다.

- 투자수익률(ROIC)=세후영업이익(NOPAT)÷투하자본(IC)
- NOPAT: Net Operating Profit After Tax

▪ 부가가치(Economic Value Added)

부가가치는 기업가치와 상관관계가 가장 높은 지표로서 기업의 투자나 구조조정 등 전략적 행동을 판단을 하는데 유용하게 사용된다. 기업이 특정기간 고유의 영업활동을 통해 창출한 순가치의 증가분을 의미하는 부가가치는 세후영업이익에서 자본비용을 뺀 값이다. 여기에서 자본비용은 가중평균자본비용(WACC: Weighted Average Cost of Capital), 즉 외부채권자로부터 차입한 타인자본의 비용과 주주가 납입한 자기자본의 비용을 합한 금액을 투하자본으로 나눈 비율을 의미한다.

◦ 부가가치(EVA)=세후영업이익(NOPAT)-자본비용(WACC)
=(세후영업이익/투하자본-가중평균자본비용/투하자본)×투하자본
=(투자수익률-가중평균자본비용률)×투하자본

■ 현금부가가치(CVA: Cash Value Added)

기업의 영업활동에 따른 금액기준의 실질적인 부가가치로 현금흐름에 중점을 두고 자본비용을 고려한다는 한다는 점에서 EVA와 유사하지만 감가상각 누계액을 고려함으로써 자산의 노후화에 따른 수익률 왜곡을 방지할 수 있기 때문에 EVA의 단점을 보완할 수 있다. 하지만 개념이 복잡하고 실제 적용이 쉽지 않다는 단점이 있다.[1]

◦ 현금부가가치(CVA)=초과자본현금이익률(CFROI Spread)×IC
=(현금흐름투자수익률(CFROI)-WACC)×IC

1) 김동철 외, 「경영전략 수립방법론」, 시그마인사이트컴, 2008.

3-3. 시장점유율

Market Maps

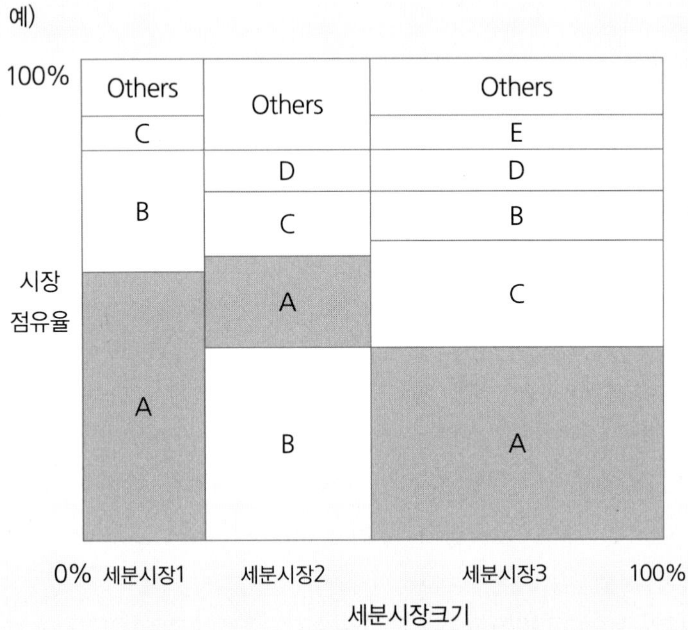

자료: 김동철 외,「경영전략 수립방법론」, 시그마인사이트컴, 2008, 재작성.

시장점유율(Market Share)이란 기업이 특정 시장에서 일정기간 동안 달성한 상대적인 매출성과로서 특정 제품의 판매량이 업계 총 판매량에서 차지하는 비율을 말한다. 시장점유율은 기업의 강점과 약점을 나타내는 척도로 사용될 뿐만 아니라 특정 산업에서 집중도를 표시하는 지표로 사용된다.

Market Maps는 특정 산업 또는 시장 내에서 자사와 경쟁기업들의 시장점유율을 세분시장별로 표시한 차트이다. 기업들은 Market Maps를 통해 세분시장의 크기뿐만 아니라 자사의 상대적 위치를 쉽게 파악할 수 있다는 장점이 있다.

3-4. 경쟁성과 분석: 고객중심적 성과

브랜드이미지 평가

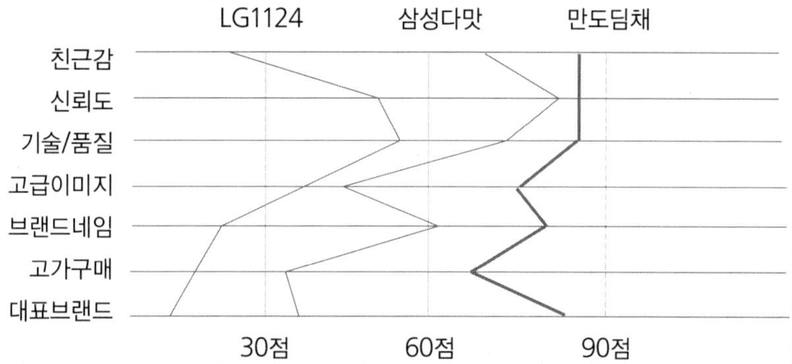

자료: 상게서.

고객중심적 성과란 기업이나 제품에 대한 소비자의 만족도 또는 충성도와 같은 고객평가를 의미한다. 일반적으로 소비자의 높은 만족도나 충성도는 기업의 브랜드가치 제고에 중대한 역할을 하며, 높은 가치를 지닌 브랜드는 곧 기업의 주요 경쟁력이 된다.

최근 능률협회나 신문사 등에서 발표하는 소비자 만족도나 브랜드파워 등의 조사항목을 살펴보면, 제품의 가격이나 품질과 같은 기능적 가치 외에도 사회적 가치나 정서적 가치와 같은 비기능적 가치를 함께 평가하는 경우가 많다. 따라서 기업들은 일류브랜드의 창출을 위해 기능적 가치와 비기능적 가치를 함께 제고시킴으로써 강력한 브랜드이미지를 구축할 필요가 있다.

3-5. 비즈니스 프로세스 분석

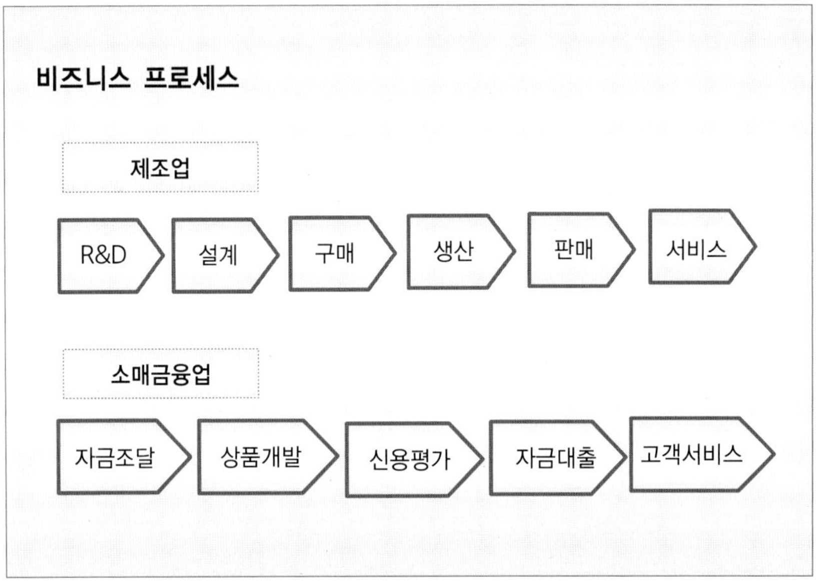

비즈니스 프로세스(Business Process)란 투입요소를 산출물로 변화시키는 일련의 경영활동을 의미한다. 구매, 생산, 판매, 인사, 재무 등 그 구성요소가 다양하지만, 산업의 종류 또는 사업의 성격에 따라 다양한 비즈니스 프로세스가 존재한다.

제조업의 경우, 일반적으로 R&D, 설계, 구매, 생산, 마케팅, 서비스 등과 같은 기능적 활동들을 중심으로 비즈니스 프로세스가 구축된다. 반면에 소매금융업의 경우는 자금조달, 금융상품개발, 신용평가, 자금대출, 고객서비스 등과 같은 핵심적 업무로 비즈니스 프로세스를 구성할 수 있다.

일반적으로 기업의 활동이 기능이나 업무별 부서 중심으로 이루어지기 때문에 각 부서가 자기 부서의 성과만을 중요시하고 전체 비즈니스 프로세스의 목표를 달성하려고 하지 않는다면 기업은 비효율적인 조직으로 전락하게 될 것이다.[2] 따라서 기업이 경쟁우위의 원천인 핵심역량을 효과적으로 극대화하기 위해서는 경영활동을 기능별로 이해하는 것보다 비즈니스 프로세스 관점에서 전사적으로 이해할 필요가 있다.

2) 이건창, 「현대경영의 이해」, 무역경영사, 2000.

3-6. 가치사슬

가치사슬

기업하부구조 일반관리, 기획, 재무, 회계, 법률관계, 품질관리 등					이윤
인적자원관리 채용, 교육훈련, 인력개발, 보상					
기술개발 제품 및 공정개선을 위한 제반활동					
조달 원자재 구매활동					
내부로지스틱스 원자재를 공급자로부터 제조부서로 넘겨주는 제반활동	**생산** 가공/조립 등을 통해 제품을 완성시키는 활동	**외부로지스틱스** 완제품의 재고관리, 주문처리 및 구매자에게 인도하는 활동	**마케팅/판매**	**서비스** 제품의 가치를 보수, 유지하는 가치창출활동	

Porter는 비즈니스 프로세스를 보다 체계적이고 정교한 분석모델인 가치사슬(Value Chain)로 발전시켰다. 가치사슬은 가치창출을 위한 기업 내 모든 활동들의 연결체계로서 크게 주활동(Primary Activities)과 지원활동(Support Activities)으로 구성되어 있다. 주활동은 제품의 물리적 변화에 직접적으로 관련되는 기능을 수행하는 내부로지스틱스, 생산활동, 외부로지스틱스, 마케팅 및 판매, 서비스 등과 같은 현장활동을 말하며, 지원활동은 재무, 인사, 기술개발, 조달 등 주활동을 지원하는 제반업무를 의미한다.[3]

3) M. Porter, *Competitive Advantage*, Free Press, 1985.

기업은 가치사슬을 통해 각각의 활동부문에서 발생하는 비용과 가치창출의 정도를 측정함으로써 가치창출의 핵심부문이 무엇이고 가격경쟁력의 원천이 어느 부문에 있는지를 파악할 수 있다. 특히, 원가경쟁력은 산업의 종류를 불문하고 경쟁의 핵심요인으로 작용하기 때문에 기업이 원가경쟁력을 파악하고 관리하는 데에 가치사슬이 유용하게 사용된다.

가치사슬 분석이 산업 및 자사와 경쟁기업의 원가분석을 통해 단계별 원가요소의 차이와 상호간의 영향까지 고려할 수 있다는 장점이 있지만, 자료수집이 매우 복잡할 뿐만 아니라, 특히 경쟁기업에 관한 자료입수가 용이하지 않다는 단점을 가지고 있다.

3-7. 핵심역량 분석

핵심역량 분석

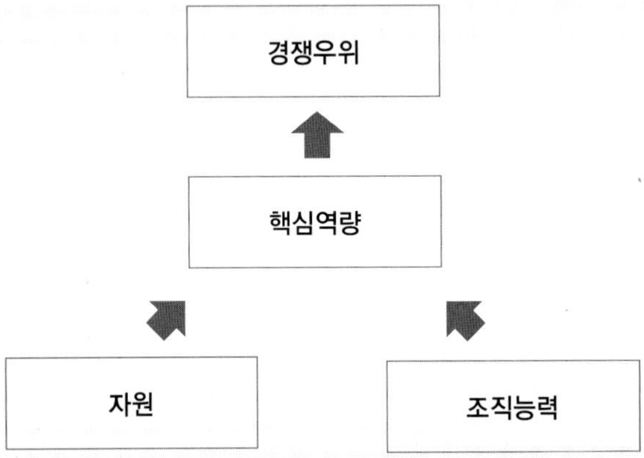

자료: 이승주, 「경영전략 실천 매뉴얼」, Sigma Insight Group, 1999.

Prahalad와 Hamel은 핵심역량(Core Competence)을 고객에 대한 가치를 높이거나 그 가치의 전달과정을 보다 더 효율적으로 할 수 있는 특별한 능력이라고 정의하였다.[4] 여기서 특별한 능력이란 단순히 기업이 잘하는 활동을 의미하는 것이 아니라 경쟁기업보다 항상 더 잘 할 수 있는 상대적인 경쟁능력을 의미한다. 따라서 핵심역량이란 경쟁기업이 쉽게 모방하기 어려운 차별적인 내부역량으로서 기업이 사업을 성공시키기 위해 반드시 필요한 경쟁우위의 원천일 뿐만 아니라 새로운 사업으로의 진출동기를 부여한다.

핵심역량은 기업의 뛰어난 자원과 조직능력으로부터 만들어진다.

4) C. K. Prahalad, and G. Hamel, "The Core Competences of the Corporation," *Harvard Business Review*, May-June 1990, pp.79-91.

기업자원은 크게 유형자원(Tangible Resource)과 무형자원(Intangible Resource)으로 구분할 수 있다. 유형자원은 공장, 설비, 현금과 같은 물질적, 재무적 자원을 의미하며, 무형자원은 기술이나 명성과 같은 비가시적 자원을 의미한다.

한편 조직능력이란 R&D능력, 마케팅능력, 효율적인 조업능력 등과 같이 기업의 효율성과 효과성을 지속적으로 높일 수 있는 경영능력으로서 조직에 체화된 기업특유의 능력 또는 활동적 일상과정을 의미한다. 타성에 젖은 기업들이 환경변화에 둔한 반면, 성공기업들은 외부환경의 변화에 적극적으로 민첩하게 적응하는 혁신적 조직능력을 가지고 있다는 특징이 있다.

기업의 핵심역량은 이와 같이 우수한 기업자원과 조직능력을 바탕으로 창출되고 유지되기 때문에 기업이 자신의 핵심역량을 제대로 파악하기 위해서는 가치사슬을 정확하게 분석하거나 또는 기업조직이나 비즈니스 프로세스 차원에서 각 기능부문의 개별적 또는 통합능력을 평가할 필요가 있다.

3-8. 관리유산 분석

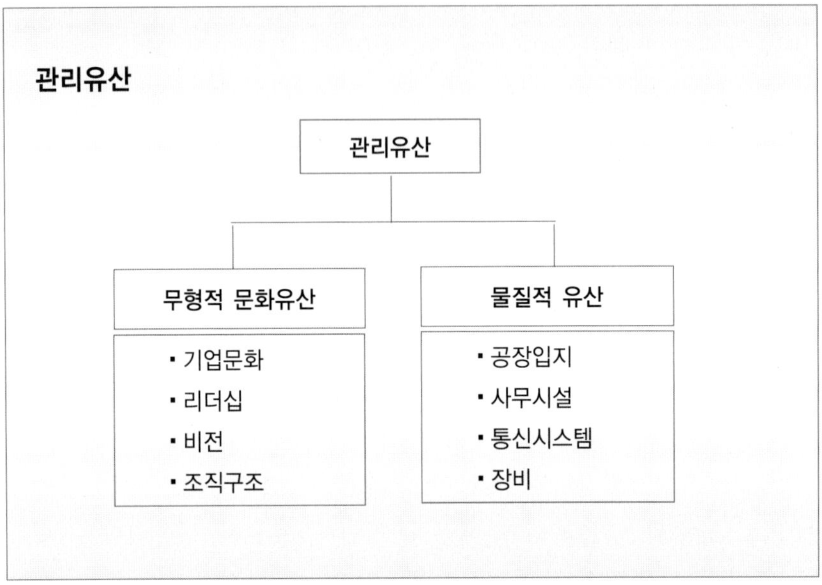

Collis는 기업의 내부자원을 전략결정에 중대한 역할을 하는 기업 내 모든 자원과 능력들을 포괄하는 광범위한 개념으로 보고, 핵심역량, 조직능력, 관리유산의 세 가지 유형으로 구분하였다.[5] 이들 가운데 기업의 관리유산(Administrative Heritage)은 다음과 같이 무형적 문화유산과 물질적 유산으로 다시 구분할 수 있다.

■ **무형적 문화유산**

기업문화, 리더십, 비전, 조직구조 등

■ **물질적 유산**

공장입지, 사무시설, 통신시스템, 장비 등

5) D. J. Collis, "A resource-based analysis of global competition : The case of bearings industry," *Strategic Management Journal*, V15, 1991, pp.49-68.

관리유산은 기업의 전략선택에 중요한 제약조건으로 작용한다. 그 이유는 관리유산 특유의 누적적인 성격 때문에 다양한 외부환경요인에 맞추어 한 순간에 기업자산의 구성을 최적화하는 것이 불가능하기 때문이다.[6] 특히 무형적 문화유산은 물질적 유산보다 그러한 성격이 더 강하기 때문에 기업의 효율적인 전략수립을 제한하는 주요 제약요인이 될 수 있다. 따라서 본 장에서는 기업문화, 리더십, 비전, 그리고 조직구조와 같이 전략의 선택 및 내부역량의 강화에 중대한 영향을 미치는 무형적 문화유산을 중심으로 그 내용을 살펴보기로 한다.

한편 기업의 조직구조는 내수위주의 국내기업보다는 해외시장에서 사업을 수행하고 있는 글로벌기업에 초점을 맞추어 그 내용을 두 부분으로 구분해서 살펴보고자 한다. 먼저 글로벌기업의 내부적인 조직구조(Organizational Structure) 자체는 본 장에서 설명하고, 글로벌기업의 조직관리시스템, 즉 본사와 해외자회사간의 관계를 나타내는 조직모형(Organization Model)은 13장 글로벌전략에서 다시 살펴보기로 한다.

---

6) 조동성, 「21세기를 위한 전략경영」, 서울경제경영, 1998.

3-9. 기업문화

기업문화의 구성요소(7S)

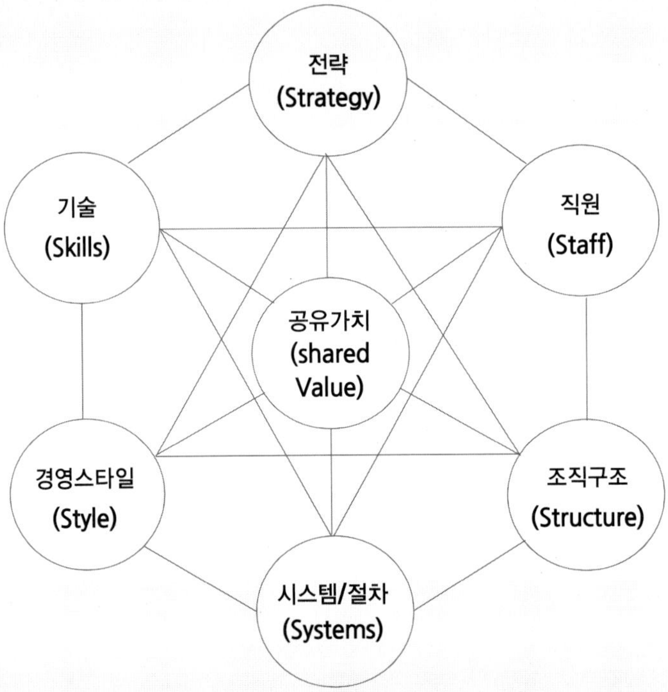

자료: T. J. Peters & R. H. Waterman, *In Search of Excellence*, Harper Collins, 1982.

기업문화(Corporate Culture)란 현재의 기업구성원과 미래의 직원들에게 전수될 기업의 신념, 기대, 그리고 가치관의 집합을 의미한다.[7] 일반적으로 기업의 외부환경 속에서 오랜 기간의 경험과 시행착오를 통해 형성되는 기업문화는 경영전략의 성공적 실행에 중대한 영향을 미친다. 그 이유는 기업문화가 최고경영자의 리더십과 함께 기업구성원들의 가치체계, 행동양식, 그리고 이해관계자와

7) W. J. Duncan, "Organizational Culture: Getting a Fix on an Exclusive concept," *Academy of Management Executive*, August 1989, p.229.

의 관계 형성에 중대한 영향을 미치는 기준이 되기 때문이다. 따라서 기업이 외부환경의 변화에 따라 적절한 경영전략을 수립한다고 할지라도 기업문화가 그 전략과 어울리지 못한다면 경영성과의 개선을 기대하기는 어려울 것이다.

기업문화를 보다 구체적으로 이해하기 위해서는 Peters와 Waterman이 제시한 일곱 가지 기업문화의 구성요소(7S)를 이해할 필요가 있다.[8] 핵심요소인 공유가치(Shared Value)를 비롯하여 이들 요소들은 주로 사회문화적 영향을 받기 때문에 국가별로 다른 형태를 취할 수 있다. 예를 들면, 한국기업의 문화는 미국기업의 문화와 다른 점이 많다. 개인적이고 성과중심적인 미국기업의 문화와 달리 한국기업의 문화는 가족적이고 집단주의적이며 위계질서를 중시한다. 하지만 어떤 문화가 더 우수한 문화라고 단정하기는 어렵다.

기업문화가 지속적인 경쟁우위의 원천으로 작용하기 위해서는 다음 세 가지 조건을 충족해야 한다.[9]

■ **가치(Valuable)**

기업문화는 기업이 경영활동을 효율적으로 수행하고 경제적 가치를 창출하는데 기여할 수 있어야 한다.

■ **희소성(Rare)**

대부분의 기업이 가지고 있는 문화와는 다른 차별적 속성을 지녀야 한다.

■ **모방 곤란성(Inimitable)**

다른 기업이 쉽게 모방할 수 없어야 한다.

---

8) T. J. Peters & R. H. Waterman, *In Search of Excellence*, Harper Collins, 1982.

9) J. B. Barney, "Organizational Culture: Can It be a Source of Sustained Competitive Advantage?," *Academy of Management Review*, V.11 N.3, 1986.

3-10. 리더십

효율적인 리더십

리더십의 기능		리더십 스타일	
전 직원이 공유하고 실천할 수 있는 명확한 비전의 촉진	+	능률적인 리더의 일곱 가지 공통요소	개인의 특성

자료: 짐 콜린스 · 윌리엄 레지어, 「위대한 기업을 위한 경영전략」, 임정재 옮김, 위즈덤하우스, 2002.

리더십은 새로운 경영전략의 수립과 성공적인 전략실행을 위한 기업문화의 창출에 중요한 역할을 한다. 그 이유는 리더십을 통해 명확한 기업비전이 제시되고 효율적인 인적자원 개발과 기업문화의 변혁이 가능하기 때문이다. 세계적인 다국적기업인 GE나 HP가 위대한 기업으로 성장할 수 있었던 가장 큰 이유는 바로 Jack Welch나 David Packard와 같은 최고경영자들의 뛰어난 리더십이 기업문화를 성공적으로 변혁시키는 강력한 내부역량의 역할을 했기 때문이다.

효율적인 리더십은 그 기능과 스타일이 조화를 이룰 때 발휘된다. 리더십의 기능은 리더십의 스타일을 떠나 보편적으로 전 직원이 공유할 수 있는 명확한 비전을 수립하고 이를 추구하도록 촉진하는 것이다. 이와 달리 리더십의 스타일은 사람마다 다양하고 나름대로 능률적이다. 하지만 효율적인 리더십에는 공통분모가 있다. 다음은 능률적인 리더들에게서 발견되는 일곱 가지 공통요소들이다.[10)]

10) 짐 콜린스 · 윌리엄 레지어, 「위대한 기업을 위한 경영전략」, 임정재 옮김,

■ **참됨(Authenticity)**

언행일치, 자신감, 역할모델

■ **단호함(Decisiveness)**

직관, 단호한 결정, 잘못된 결정에 대한 책임감

■ **집중력(Focus)**

한 가지 일에 집중, 시간관리, 최우선 사항의 결정

■ **대인관계(Personal Touch)**

관계구축, 비공식적 의사소통망 활용, 회사상황 파악

■ **강하면서 부드럽게 사람을 다루는 기술(Hard/Soft People Skills)**

긍정적 피드백의 활용, 스승의 역할, 높은 성취목표

■ **의사소통(Communication)**

비전과 전략에 관한 대화, 유추와 이미지 활용, 사적인 교류를 통한 공식적 의사소통망 강화, 사실의 인정

■ **진취성(Ever Forward)**

열심히 일하는 자세, 일신우일신(日新又日新), 직원들의 사기충전, 낙관적인 태도와 인내심

위즈덤하우스, 2002.

3-11. 비전

Collins-Porras의 비전 기본틀

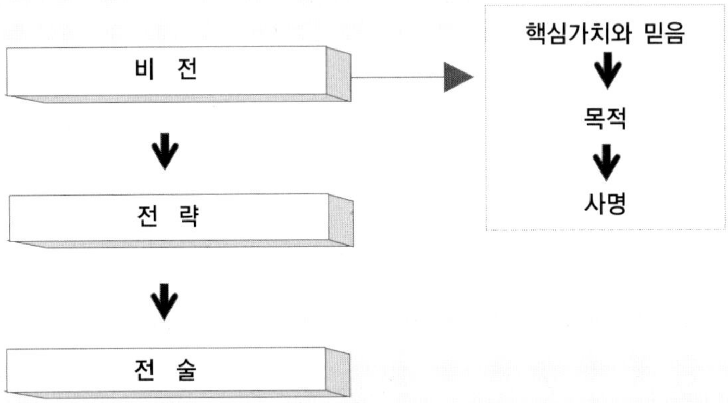

자료: 상게서.

비전(Vision)이란 일반적으로 기업이 추구하는 장기적인 목표와 바람직한 미래상을 의미한다. 비전은 막연한 희망이 아니라 기업의 명확한 경영철학, 목적, 그리고 목표를 담고 있어 향후 사업의 전략방향과 조직운영의 행동기준을 제공할 뿐만 아니라 조직구성원의 동기부여와 참여의식을 유발하는 역할을 한다. 따라서 성공적인 경영전략의 수립과 실천적 전술의 실행을 위해서는 먼저 기업의 명확한 비전이 제시되어야 한다.

Collins-Porras의 비전 기본틀(Vision Frame work)에 의하면 비전은 다음과 같이 핵심가치와 믿음, 목적, 사명의 세 가지 기본 요소로 구성되어 있다.[11)]

11) 상게서.

■ **핵심가치와 믿음**

비전의 출발점으로 경영과 삶의 철학으로서 사업과 생활에서 신성하게 집행될 원칙을 의미한다.

■ **목적**

기업존재의 근본 이유를 설명하는 '기업이념'으로 정의할 수 있다. 목적은 핵심가치로부터 성장하며 항상 목표를 향해 나아가지만 도달할 수 없는 길잡이별과 같다.

■ **사명(목표)**

기업이 거역할 수 없는 야심 찬 목표로 명확한 결승점과 특정 시간을 가지고 있으며 일단 완수하면 새로운 사명이 제시된다. 사명은 목표화(Targeting), 공동의 적(Common Enemy), 역할모델(Role Model), 내부변화(Internal Transformation)와 같은 네 가지 유형으로 구분된다.

한편 비전을 구성하거나 연결되어 있는 요소들은 다음과 같은 특징을 가지고 있다.[12)]

■ **핵심가치와 믿음**

거의 변하지 않는 특징을 가지고 있다.

■ **목적**

100년 정도 장기적으로 지속된다.

■ **사명**

현재의 사명이 달성되면 새로운 사명을 세운다.

---

12) 짐 콜린스·윌리엄 레지어, 전게서.

■ **전략**

매년 수정되고, 새로운 사명을 제시할 때 전면 개정한다.

■ **전술**

상황변화나 여건에 따라 바로바로 조정한다.

3-12. 비전 스테이트먼트

삼성의 비전 스테이트먼트

자료: 삼성홈페이지, http://www.samsung.com, 2007.

비전 스테이트먼트(Vision Statement)란 기업의 경영이념, 핵심가치, 목적, 미션, 전략 등을 간결한 형태의 문장으로 작성하거나 그림처럼 보기 쉽게 구성한 일종의 선언문이라고 할 수 있다. 많은 기업들이 이러한 비전 스테이트먼트를 통해 자사의 구성원들이 기업비전을 쉽게 이해하고, 기업에 대해 자긍심을 가지며, 더나가 목표달성을 위해 열심히 노력하도록 사명감을 부여한다. 다음은 초일류 글로벌기업들의 비전 스테이트먼트 사례이다.

■ Johnson & Johnson의 Our Credo

우리는 무엇보다 고객을 위해 일합니다. 그리고 직원을 위해, 지역사회를 위해, 주주를 위해......

■ Merck의 핵심가치와 믿음

우리는 무엇보다 고객을 위해 봉사하는 우리의 능력을 높이 평가하는 한편, 윤리와 성실을 최고의 덕목으로 여긴다.

■ **3M의 공유가치**

- 투자자들에게 지속적이고 높은 질적 성장을 통해 매력적인 수익을 제공한다.
- 우수한 품질과 가치, 서비스로 고객을 만족시킨다.
- 우리의 사회적, 물리적 환경을 존중한다.
- 종업원들이 자부심을 갖는 회사가 된다.

■ **LG WAY**

- 비전: 일등LG
- 행동방식: 정도경영
- 경영이념: 고객을 위한 가치창조, 인간존중의 경영

3-13. 조직구조

단계별 모형

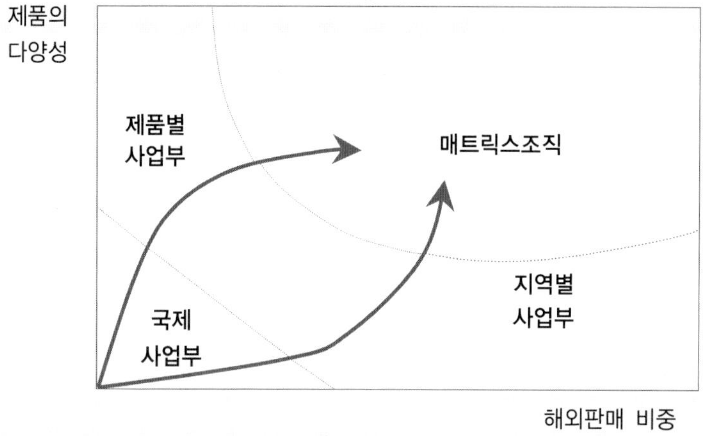

자료: J. M. Stopford and L. T. Wells, Jr. Managing the Multinational Enterprise, Basic Books, 1972.

조직구조는 기업의 전략과 밀접한 관계를 가지고 있다. 그 이유는 기업의 규모가 커지고 사업이 국제화 및 다각화될수록 기업의 전략이 복잡해지며, 동시에 전략을 성공적으로 추진하기 위해 다양한 전략적 능력을 갖춘 새로운 조직구조가 반드시 필요하기 때문이다.

Stopford와 Wells는 다국적기업의 조직구조와 변천과정을 설명하기 위해 제품의 다양성과 해외판매의 비중이라는 두개의 변수를 활용한 단계별 모형(Stages Model)을 제시하였다. 단계별 모형에 따르면, 기업들은 상이한 국제화의 단계에 따라 상이한 조직구조를 선택하고 있다.[13] Stopford와 Wells의 단계별 모형을 응용하여 기업의 조직구조를 다음과 같이 설명할 수 있다.

▪ 기능별 조직

일반적으로 기능별 조직구조는 제품의 종류가 많지 않고 해외 판매 비중이 크지 않은 국제화의 초기단계에 있는 소규모기업에게 효과적이며, 수출 등 국제관련 업무는 별도의 국제사업부가 담당한다.

▪ 사업부 조직

사업부조직은 제품별 다각화나 해외시장의 다변화를 추진하는 대규모 다국적기업들에게 효과적인 조직구조이다. 제품의 종류가 다양한 경우 제품별 사업부를 선택하고, 해외시장이 광범위하거나 해외판매 비중이 큰 경우 지역별 사업부를 선택한다. 그리고 다양한 사업부들을 효과적으로 통제하기 위해 기획조정실과 같은 부서가 설치된다.

▪ 매트릭스 조직

1980년대에 글로벌경영환경이 더 복잡하고 다양해지면서 기업들은 조직의 구조를 재구축하기 시작하였다. 이 때 등장한 조직구조가 매트릭스 조직으로 기업을 제품차원과 지역차원으로 구분해서 한 직원이 양측을 동시에 동일한 비중으로 관리하되, 보고는 제품별 사업부와 지역별 사업부의 두 상사에게 각각 보고하는 시스템의 조직구조이다. 제품의 종류가 다양하고 해외시장이 다변화되어 있는 다국적기업들에게 효과적인 조직구조일 것 같지만, 실제로는 혼란과 갈등의 문제로 인해 많은 기업들에게 실망을 안겨주었다.

---

13) J. M. Stopford, and L. T. Wells, Jr. Managing the Multinational Enterprise, Basic Books, 1972.

3-14. LG전자의 조직구조

LG전자의 조직도

자료: LG전자 홈페이지, http://www.lge.co.kr, 2009.

LG전자의 조직구조는 기업의 전형적인 조직구조와 차이가 있다. 글로벌기업의 규모와 다양한 활동에 적합하도록 기능, 제품, 지역별 사업부를 수평적으로 연결시킴으로써 전체적인 조화를 위해 각 부서의 역할과 책임을 강조하는 고도의 복합적인 조직구조이다.

LG전자의 조직은 CEO를 중심으로 재무(CFO), 기술(CTO), 마케팅(CMO) 등 주요 기능별 조직과 홈 엔터테인먼트(HE), 모바일 커뮤니케이션즈(MC), 홈 어플라이언스(HA), 에어컨디셔닝(AC), 비즈니스 솔루션(BS) 등 5개의 제품군별 사업본부, 그리고 한국지역본부 외 7개의 해외지역별 본부가 각 책임자의 지휘아래 상호 수평적인 네트워크 구조로 연결되어 있어 글로벌기업의 경영활동에 효율적인 구조라고 할 수 있다.

3-15. 벤치마킹

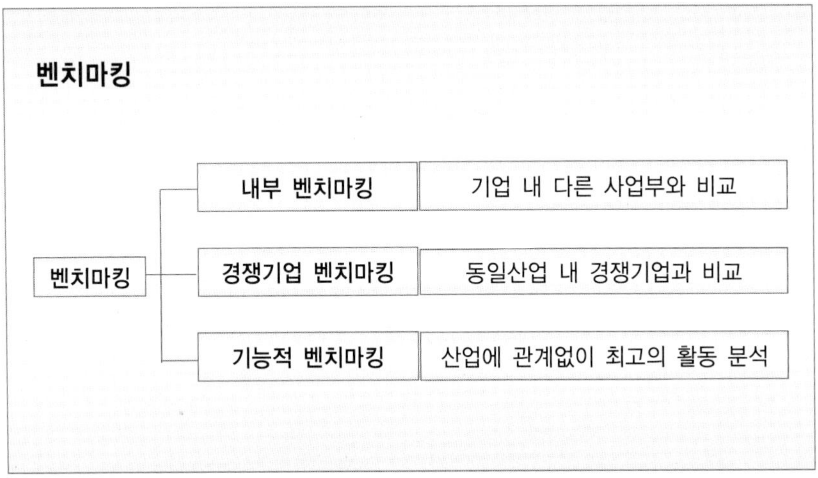

기업들은 자신의 내부역량을 분석하면서 자칫 객관성을 잃고 자신의 핵심역량이나 경영시스템이 절대적으로 우수하다고 평가하기 쉽다. 따라서 기업이 내부역량을 평가할 때는 다른 기업과의 비교를 통한 분석이 효과적이라고 할 수 있다. 이와 같이 벤치마킹(Benchmarking)은 특정 기업과의 비교분석을 통해 자신의 역량을 정확히 평가하고 이를 더욱 향상시키기 위해 지속적으로 학습과 개선을 도모하는 경영기법이다.

벤치마킹은 비교대상에 따라 다음과 같이 세 가지 유형으로 구분할 수 있다.[14)]

■ **내부 벤치마킹**

기업 내 다른 사업이나 부서 등에서의 유사활동을 비교하는 방법으로서 벤치마킹을 위한 데이터수집이 용이하지만 내부적 편견에 사로잡히기 쉬운 단점이 있다.

---

14) 스핀들리니 마이클, 「벤치마킹과 기업경쟁력」, 황태호 옮김, 김영사, 1992.

■ 경쟁기업 벤치마킹

동일 산업 내의 경쟁기업을 비교분석하는 방법으로서 데이터수집이 상대적으로 어렵고 윤리적 문제 및 기업문화의 차이라는 한계가 있다.

■ 기능적 벤치마킹

산업에 관계없이 최신의 제품 및 서비스와 프로세스를 보유한 기업을 찾아 비교하는 방법으로서 혁신적 기법을 발견할 가능성이 높지만 기법 이전의 어려움이 있다.

벤치마킹은 일반적으로 다음과 같은 다섯 단계의 과정을 통해 이루어진다.[15]

첫째, 벤치마킹할 주요 비즈니스 프로세스를 결정한다.

둘째, 벤치마킹 대상 기업을 선정한 후 예비조사를 실시한다.

셋째, 기업을 방문하여 비즈니스 프로세스 및 경영성과를 비교한다.

넷째, 성과차이의 원인을 분석한다.

마지막으로, 새로운 학습을 활용하여 자사의 문제점에 대한 지속적인 개선을 추구한다.

---

15) 이승주, 「경영전략 실천 매뉴얼」, Sigma Insight Group, 1999.

PART Ⅱ

경쟁우위

▼ 월트디즈니의 대표적 캐릭터 미키마우스 (http://wallpapers.avantzone.com/wallpaper614.ntm

글과 생각 2 축제와 캐릭터마케팅

'축제와 캐릭터마케팅' 언뜻 서로 무관한 단어들처럼 보이지만 둘은 꽤 밀접한 관계를 가지고 있다. 이들의 상관관계를 가깝게는 장성군의 '홍길동축제'에서, 멀게는 미국의 '디즈니월드'에서 찾아볼 수 있다. 이미 장성군은 '홍길동'이란 캐릭터를 상품화하여 지역축제의 홍보와 지역경제의 활성화라는 측면에서 긍정적인 효과를 보았다.

미국의 대표적인 테마파크 '디즈니월드'는 단순한 놀이동산이 아닌, 언제든 축제를 즐기기 위해 찾아갈 수 있는 곳이다. 엄청난 규모와 다양한 볼거리로 지구촌 관광객들의 마음을 사로잡는 '디즈니월드'는 공원입장객들이 그곳을 놀이동산이 아닌 축제의 장으로 기억할 수 있도록 매일 캐릭터 퍼레이드와 함께 폐장 전 30분 동안 음악에 맞춰 밤하늘을 화려하게 수놓는 불꽃축제를 벌인다. 환상적인 불꽃들은 관광객들의 마음속에 잊지 못할 감동으로 각인되고, 그 감동은 다시 '디즈니월드'의 캐릭터상품을 통해 아름다운 추억으로 되살아난다. 그래서 마지막 불꽃들이 밤하늘에 만발하는 동안, 공원을 빠져나가는 관광객들의 손에는 어김없이 '디즈니월드'의 캐릭터상품들이 들려 있다.

최근 소비자들의 구매성향이 개성화, 고급화, 그리고 국제화되면서 캐릭터는 남녀노소 가리지 않고 많은 사람들의 관심을 끌고 있다. 따라서 캐릭터를 마케팅에 활용하는 기업이나 비영리단체들이 증가하고 있으며, 캐릭터를 상품화한 캐릭터산업은 이미 고부가가치산업으로 급부상하였다. 문구, 완구, 의류, 신발, 식품 등 거의 모든 생활용품에 캐릭터가 들어가지 않은 상품이 없을 정도로 캐릭터가 상품의 판매를 좌우하고 있으며, 영상산업이나 서비스업 등의 분야에도 응용되고 있다. 이처럼 캐릭터는 마케팅 커뮤니케이션 또는 촉진수단으로 적극 활용되고 있을 뿐만 아니라, 더 나아가 캐릭터 자체가 상품화되어 새로운 산업을 형성하고 있으며, 다양한 분야로까지 응용됨으로써 기업이나 비영리단체의 활동영역을 넓히고 성과를 높이는 효율적 수단으로 각광받고 있다.

미국과 일본의 경우는 이러한 캐릭터마케팅을 잘 활용함으로써 현재 전 세계 캐릭터산업 시장의 90% 이상을 차지하고 있다. 특히 미국의 월트디즈니사는 캐릭터산업을 하는 기업들에게 하나의 교과서와 같은 존재로 인정받고 있다. 그 이유는 월트디즈니사가 1930년 로열티를 받고 뉴욕의 한 문구업체에게 '미키마우스'를 공책표지에 인쇄할 수 있도록 허가함으로써 캐릭터산업이 처음 시작되었고, 그 후 캐릭터산업의 발전과정이 월트디즈니사의 성장과정과 흐름을 같이 하고 있기 때문이다. 또한 월트디즈니사는 캐릭터가 가진 국제성이라는 특성을 이용해 피부색깔이나 언어와 무관하게 광범위한 글로벌라이센싱을 함으로써 전 세계적으로 매우 높은 인지도를 가지고 있다. 결국 80년 전 '미키마우스'라는 생쥐 한 마리로 시작했던 월트디즈니사는 성공적인 캐릭터마케팅을 통해 거대한 테마파크까지 파리와 도쿄, 홍콩 등에 수출한 글로벌기업으로 성장하게 된 것이다.

매화나무가 꽃망울을 터트리기 시작하던 새 봄, 광양 '매화문화축제'를 시작으로 남도엔 크고 작은 축제들이 연일 계속되고 있다. 특히 여수에서는 2012 여수세계박람회 실사에 맞춰 '거북선축제'가 열렸고, 화려한 불꽃놀이는 축제분위기를 한껏 고조시켰다. 돌산대교의 형형색색 조명과 어우러진 불꽃들은 '퐁네프의 연인들'의 인상적인 불꽃축제 장면처럼 시민과 관광객들에게 깊은 감동을 심어주었다. 축제의 감동을 기억하기 위해 '미키마우스' 인형을 품에 안고 돌아가는 디즈니월드'의 관광객들을 생각하면서 남도의 축제들을 즐기고 돌아가는 관광객들의 손에는 어떤 캐릭터상품이 어울릴까 상상해본다.

자료: 김길성, 전일시론, 전남일보, 2007년 4월 23일.

제 4 장

경쟁전략과 경쟁우위

4-1. 경쟁전략

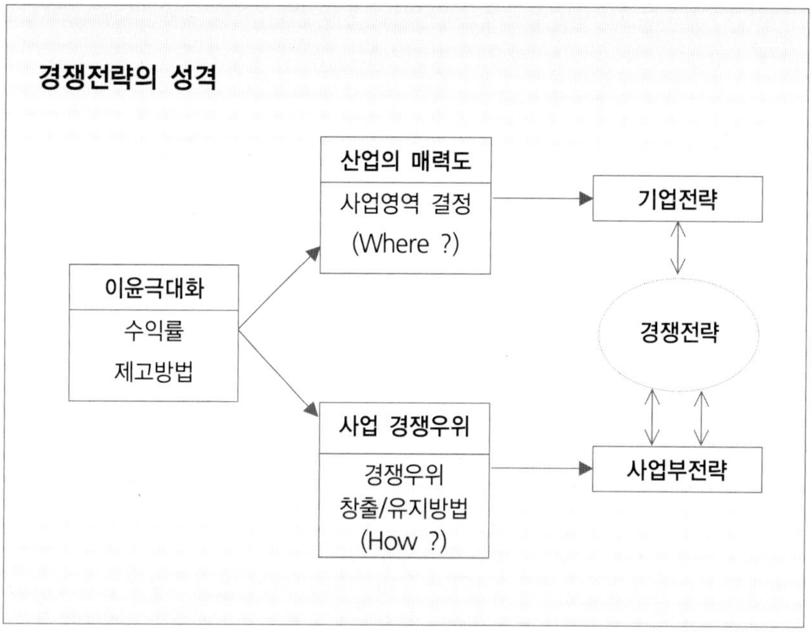

1장에서 설명한 바와 같이 경영전략은 크게 기업전략과 사업부전략으로 나눌 수 있다. 기업전략이 기업의 종합적인 관점에서 사업영역을 결정하는 것이라면, 사업부전략은 각각의 사업단위 내에서 어떻게 경쟁우위를 창출하고 유지할 것인가를 결정하는 실천적 경쟁전략이다. 따라서 경쟁전략이란 경쟁 속에서 기업이 가지고 있는 강점을 최대한 활용하고 약점을 보강함으로써 경쟁기업보다 높은 경쟁우위를 창출하고 유지하기 위한 사업부전략에 가깝다고 할 수 있다.

이처럼 사업부전략이 곧 경쟁전략이지만, 경쟁전략이 반드시 사업부전략만을 의미하지는 않는다. 그 이유는 기업들이 특정 산업에서 경쟁우위를 창출하는 방법보다는 새로운 사업에 진입하거나 기존사업에서 철수하는 방식의 기업전략, 즉 기존 사업영역의 선택을 통해 경쟁우위를 확보하는 경우들이 있기 때문이다. 예를 들면, 기업이 주력사업의 비용우위를 더욱 강화하기 위해 리스트럭처링을 한다든지, 또는 기업이 가지지 못한 차별화우위를 확보하기 위해 기존의 기업을 인수하는 경우들이 있다.

기업이 사업부 차원의 경쟁전략을 효과적으로 수립하기 위해서는 경쟁행위를 경쟁기업, 고객, 그리고 다양한 자원 등이 지속적으로 상호작용하는 하나의 시스템으로 보는 전략적 경쟁(Strategic Competition)의 개념에 따라 다음 세 가지 요소를 고려해야 한다.[1]

- 산업구조의 분석과 성공요인 파악
- 자사의 경영자원 및 핵심역량 분석
- 경쟁기업의 경영자원 및 경쟁전략 분석

한편 전략적 경쟁은 다음과 같은 특성을 가지고 있다.[2]

첫째, 경쟁행위를 경쟁기업, 고객, 자금, 사람, 자원들이 지속적으로 상호작용하는 하나의 시스템으로 이해한다.

둘째, 이와 같은 이해를 통해 한 주체의 전략적 행위가 경쟁적 균형에 어떤 영향을 미치는지 예측한다.

셋째, 경쟁관계에 중대한 변화를 일으키기 위해 의도적인 방식으로 자원을 배치하고 활용한다.

1) 장세진, 「글로벌경쟁시대의 경영전략」, 박영사, 1998.

2) B. Henderson, "The Origin of Strategy," *Harvard Business Review*, 1989.

4-2. 경쟁우위

경쟁우위의 유형

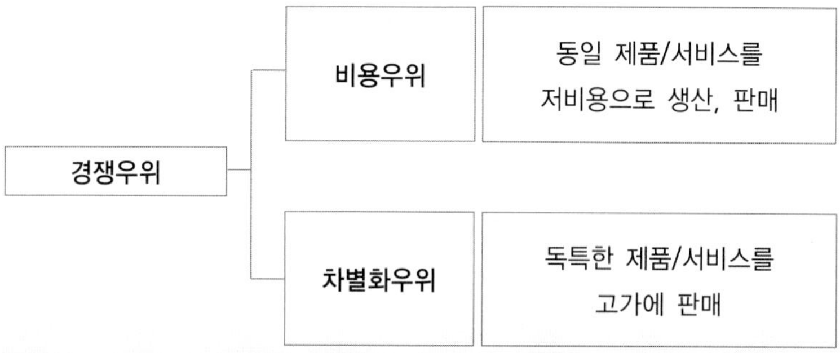

Porter는 1980년 경쟁전략(Competitive Strategy)이란 저서에서 기업의 경쟁우위를 비용우위와 차별화우위로 구체화하였다.[3] 비용우위란 동일한 제품을 경쟁기업보다 더 저렴한 비용으로 생산하고 판매할 수 있는 역량을 말하며, 차별화우위는 경쟁기업보다 차별화된 제품이나 서비스를 생산한 후 고객으로부터 높은 가격을 받고 이들을 제공할 수 있는 역량을 의미한다.

비용우위든 차별화우위든 경쟁우위는 기업이 가지고 있는 경영자원이나 능력으로부터 시작한다. 하지만 이들 자원이나 능력이 핵심역량, 즉 경쟁기업들이 쉽게 모방하거나 가질 수 없는 희소성과 그 산업에 어울리는 적합성이란 조건을 갖춘 핵심역량으로 발전해야만 기업의 경쟁우위가 창출되고 유지될 수 있다.

경쟁우위는 유가나 환율의 변화와 같이 산업에 중대한 영향을

3) M. Porter, *Competitive Strategy*, Free Press, 1980.

미치는 급격한 외부환경의 변화나 기업내부의 혁신을 통해 창출된다. 이 때 외부환경의 변화에 신속하게 대응할 수 있는 능력은 경쟁우위 창출에 중요한 역할을 하게 된다. 시장의 변화에 민첩하게 적응하고 신속한 혁신을 통해 고객들에게 빨리 다가가는 기업들만이 경쟁우위를 창출할 수 있기 때문이다. 그래서 많은 기업들이 자사의 경쟁력 강화를 위해 속도경영에 주력하고 있다.

4-3. 본원적 전략

본원적 전략

Porter는 경쟁우위를 바탕으로 기업이 다른 기업과의 경쟁에서 살아남기 위한 사업 차원의 경쟁전략으로서 본원적 전략을 제시하였다. 본원적 전략은 기업의 경쟁우위와 경쟁범위에 따라 차별화전략, 비용우위전략, 집중전략의 세 가지 유형으로 나누어진다.[4)]

차별화전략과 비용우위전략은 경쟁우위 요소측면에서 상반된 개념의 전략이지만 실제 사례를 보면 이들이 상호보완적으로 동시에 추구되는 경우도 있다. 집중전략은 기업이 비용우위 또는 차별화우위에 기반을 두고 틈새시장(Niche Market)에 집중하는 전략을 의미한다.

4) *Ibid.*

4-4. 본원적 전략과 성과

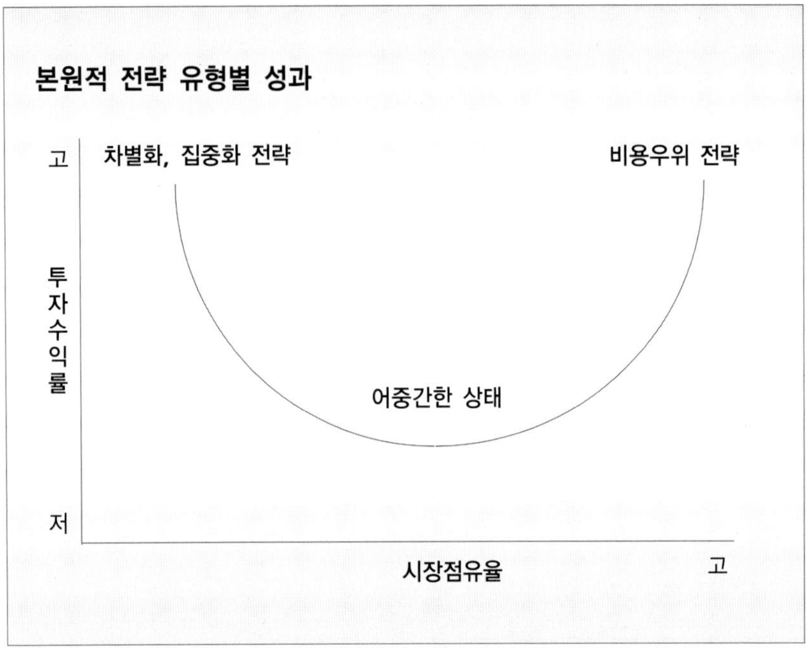

비용우위전략을 선택한 기업들은 제품의 대량생산을 통해 높은 시장점유율을 유지할 수 있다. 특히 비용선도기업(Cost Leader)은 보다 더 높은 수익률을 달성할 수 있다. 차별화전략이나 집중화전략을 추구하는 기업들도 시장점유율이 상대적으로 낮을 수 있지만 높은 가격 프리미엄 등으로 인해 수익성을 높일 수 있다. 반면 경쟁우위가 명확하지 않은 어중간한 위치에 있는 기업들은 비용우위와 차별화우위의 이점을 살리지 못하고 수익성이 가장 낮은 상태로 추락하기 쉽다.

Porter의 주장에 의하면, 두 가지 본원적 전략인 비용우위전략과 차별화전략은 상반되는 전략이기 때문에 기업이 두 전략을 동시에 추진할 수 없다. 그 이유는 비용우위전략의 경우 저비용을 유지하기 위해 추가적 특성이 없는 표준화 제품을 소비자에게 제공해야 하지만, 차별화전략은 기업이 소비자에게 특별한 혜택을 제공하기 위해 추가적 비용이 발생하기 때문이다.[5]

그러나 현실에서는 이론과 다르게 전략이 추진되기도 한다. 자동차산업에서 선두주자인 Toyota가 고가의 고급 승용차와 저가 승용차를 동시에 생산하고 판매하는 것처럼 두 가지 경쟁우위 요소를 상호보완적으로 동시에 추구하는 경우도 있다. 기술혁신의 선도기업이 차별화를 통해 수요를 늘리고 수요증가가 다시 원가를 절감시킬 수 있는 특정 상황의 경우, 기업은 두 가지 본원적 전략을 동시에 추진할 수도 있다.

5) *Ibid.*

4-5. 게임이론

게임이론의 특성

게임이론 (Game Theory)

- 합리적 경제주체인 기업간의 경쟁을 가정
- 기업 상호간의 작용/반작용 패턴을 분석
- 기업간 경쟁과 협조관계를 분석
- 기업행위를 동시적/순차적 게임으로 구분

군사전략이나 정치학 등 다양한 분야에서 활용되고 있는 게임이론(Game Theory)은 경영학에서도 기업들의 경쟁전략과 관련된 이론적 분석틀을 제공한다. 게임이론은 한 기업이 전략을 실행할 때 경쟁기업이 어떻게 반응하고, 또 그 반응에 대해 어떻게 대응해야 할지를 체계적으로 분석할 수 있게 해준다. 이처럼 전략적 경쟁을 하고 있는 기업들이 합리적인 경쟁전략을 수립하기 위해 활용하는 게임이론은 다음과 같은 특성을 가지고 있다.

첫째, 합리적 의사결정을 하는 소수의 동등한 경쟁기업들의 경쟁상태에 대한 결과를 예측한다.

둘째, 경쟁기업간 상호작용으로서 전략적 의사결정의 틀을 제시한다.

셋째, 경쟁보다 협조가 더 유리함을 시사한다.

마지막으로, 기업들의 행위가 동시적 게임(Simultaneous Game)인 경우 손익행렬(Payoff Matrix), 순차적 게임(Sequential Game)인 경우 의사결정수(Decision Tree)를 통해 각각 전략대안의 성과를 분석한다.

게임이론에서는 기업간의 경쟁행위를 동시적 게임과 순차적 게임으로 구분한다. 순차적 게임은 장기나 바둑처럼 순서대로 행위가 이루어지는 경쟁을 말한다. 장기를 두는 사람은 상대방이 수를 둔 다음, 자기 수에 상대가 어떻게 대응할 것인지를 예측하면서 다음 수를 두게 된다. 이에 반해 동시적 게임은 가위·바위·보게임과 같이 둘 이상의 사람이 동시에 가위, 바위, 보를 냄으로써 승패를 결정하는 경기이다.[6]

6) 장세진, 전게서.

4-6. 동시적 게임

손익행렬

		F 현행유지	F 신형출시
G	현행유지	G 100, F 100	G 80, F 120
G	신형출시	G 120, F 80	G 90, F 90

경쟁관계에 있는 두 자동차기업이 동시에 의사결정을 하고 상호간에 정보교환이 없다고 가정하는 동시적 게임에서, 두 기업간의 경쟁상황을 잘 묘사해주는 것이 손익행렬이다. 손익행렬이란 경쟁관계에 있는 두 기업의 전략적 결정에 따라 각 기업이 얻을 수 있는 손익을 나타낸 그림이다. 손익행렬의 우상과 좌하에 나타난 F와 G의 손익규모에 따르면 F에게 가장 유리한 선택은 F가 신형모델을 출시하고 G가 현재모델을 그대로 유지하는 경우이다. 그 이유는 두 기업이 모두 현재의 모델을 유지하면서 이익 100을 얻는 경우보다는 F가 신형모델을 출시할 때 상대적으로 더 큰 이익을 얻을 수 있기 때문이다.

그러나 G도 같은 입장이라면, F나 G는 각각 신형모델을 출시하는 것이 자신의 입장에서 더 유리한 주전략(Dominant Strategy)이 된다. 주전략이란 경쟁기업의 행동과 관계없이 자신의 입장에서 보았을 때 최적의 전략을 의미한다. 하지만 주전략에 따라 두 기업이 동시에 가격을 인하하게 되면 오히려 가격을 유지할 때보다 두 기업 모두 이익이 감소하게 되는데, 이와 같은 상황을 '비협조적 게임'이라고 한다.

비협조적 게임은 수인의 딜레마(Prisoners' Dilemma)를 통해 쉽게 이해할 수 있다. 2인조 강도가 강도혐의로 경찰조사를 받으면서 범행사실을 부인할 때 경찰이 개별심문을 통해 공범자의 범행사실을 폭로하면 자신은 석방될 수 있다고 유혹한다면, 두 강도 모두 자신들의 석방을 위해 상대를 폭로하게 됨으로써 결국 둘 다 감옥에 가게 된다. 증거부족으로 모두 풀려날 수 있음에도 불구하고 상대를 고발하는 것이 자신에게 더 유리한 주전략이기 때문이다.

그러나 수인의 딜레마에서 비협조적 게임은 이 게임이 장기간 지속될 경우 경쟁자의 보복 위협 때문에 둘 다 서로를 밀고하는 행위를 자제하면서 해결된다. 기업의 경우에도 비협조로 인한 손실과 경쟁기업의 보복 때문에 오히려 카르텔과 같은 상호협조를 하게 된다.

4-7. 순차적 게임

순차적 게임의 예

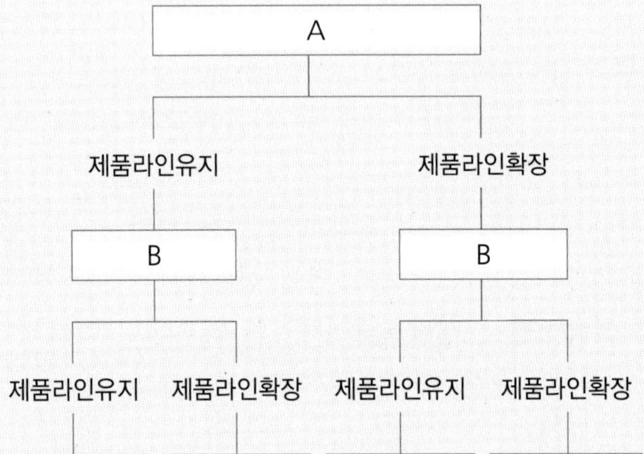

	대안1	대안2	대안3	대안4
A	100	80	130	70
B	100	120	80	60

순차적 게임에서는 기업이 어떤 전략적 행동을 실행하려고 할 때, 경쟁기업이 어떤 반응을 보일 것인가를 미리 분석한 후 의사결정을 하게 된다. 대부분의 경우 기업들의 전략적 행동은 순차적 행동이라고 할 수 있다. A와 B간의 제품라인 확장에 관한 순차적 게임의 경우 A는 B의 반응을 보고 제품라인의 확장여부를 결정하게 되는데, 이 때 의사결정수를 통해서 두 기업이 선택할 수 있는 각 대안들을 살펴보고, 대안별 손익도 추정할 수 있다.

이와 같은 경우에 대안의 수는 A의 제품라인 확장 여부에 따른 B의 순차적 행동에 따라 네 가지 수가 있는데, A의 기대이익은 대안3과 같이 A가 제품라인을 확장하고 B가 제품라인을 확장하지 않을 때 가장 크다. 설령 B가 따라서 제품라인을 확장한다고 해도 B

가 상대적으로 더 큰 손실을 입게 된다. 만약 반대로 A가 제품라인을 확장하지 않았는데 B가 제품라인을 확장하게 된다면 A의 입장에서는 손해가 크기 때문에 결국 A는 제품라인을 확장하게 된다. A가 제품라인을 확장할 때 B의 입장에서는 제품라인을 확장하지 않는 것이 손실이 더 적기 때문에 게임의 균형점은 대안 3에서 결정된다.

4-8. 공격전략

공격전략 사례

정 면 공 격	▪현대자동차가 BMW 7시리즈와 벤츠 S클래스에 도전하기 위해 동급의 신형 에쿠스(VI)를 저가로 출시 ▪도루코가 저가의 원3, 터치3으로 질레트의 마하3에 도전
측 면 공 격	▪지역공략 : Honeywell이 IBM이 관심을 갖지 않는 중소규모 도시에 강력한 판매시설 설치 ▪니즈충족 : Miller Brewing의 라이트 비어 출시
포 위 공 격	▪Sun Microsystems이 Microsoft를 공격하기 위해 모든 유형의 장비에 Java 소프트웨어 라이센스 실시
우 회 공 격	▪펩시가 Tropicana (오렌지쥬스 42%)를 인수하여 코카콜라의 Minute-Maid(24%) 공격, Quake Oats의 Gatorade (스포츠음료 80%) 인수로 Powerade 압도
게릴라 공 격	▪Priceton Review가 Kaplan Education center를 공격하기 위한 광고슬로건 "친구는 친구가 Kaplan을 선택하는 것을 그대로 두지 않는다." 와 소규모의 내실 있는 과외교실 운영

자료: 필립 코틀러, 「신경제시대의 코틀러 마케팅」, 신종칠 옮김, 시그마프레스, 2004. 재작성

게임이론에서 살펴본 바와 같이, 대부분의 기업간 경쟁들은 작용과 반작용이라는 순차적 행동으로 이루어진다. 따라서 시장에서 한 기업이 먼저 공격적 행동을 하게 되면 경쟁관계에 있는 다른 기업은 당연히 방어적 행동을 취하게 된다. 이처럼 기업들의 구체적인 경쟁전략의 실행은 크게 공격전략과 방어전략으로 구분된다.

Kotler는 시장선도기업(Market Leader)의 지위를 겨냥하는 시장도전기업(Market Challenger)의 입장에서 공격전략을 다음과 같이 다섯 가지 유형으로 구분하였다.[7]

7) 필립 코틀러, 「신경제시대의 코틀러 마케팅」, 신종칠 옮김, 시그마프레스, 2004.

■ 정면공격(Frontal Attack)

경쟁기업의 제품, 가격, 광고 등에 맞대응하기 위한 전략으로 방어기업이 지형적 우위를 갖지 못한 경우 자원을 더 많이 보유한 공격기업이 승리하게 된다. 가격인하와 같은 정면공격은 시장선도 기업의 보복 가능성이 낮거나 제품의 성능이 동등할 때 효과가 있다.

■ 측면공격(Flank Attack)

자원이 적은 도전기업이 경쟁기업의 약점을 공격하는 전략으로 경쟁기업의 성과가 저조한 지역을 공략하거나 충족되지 않은 시장 니즈(Market Needs)를 충족시키는 두 가지 방법이 있다. 측면공격은 세분시장의 변화에서 발생하는 갭을 또 하나의 강력한 세분시장으로 발전시킬 수 있다.

■ 포위공격(Encirclement Attack)

포위공격이란 경쟁기업의 광범위한 영역을 장악하기 위해 정면과 측면 등 모든 방향에서 경쟁기업을 대대적으로 공격하는 전략을 말한다. 공격기업이 우수한 자원을 가지고 있고, 또 신속한 포위를 통해 경쟁기업을 압도할 때 공격효과가 크다.

■ 우회공격(Bypass Attack)

우회공격이란 기업이 직접적인 경쟁을 피하면서 공격하기 쉬운 분야를 찾아 공격하는 전략이다. 일반적으로 비관련 제품으로의 다각화, 새로운 지역시장으로의 다각화, 기존제품을 대체할 새로운 기술로의 도약 등 세 가지 옵션이 있다.

■ 게릴라공격(Guerrilla Attack)

게릴라공격이란 시장도전기업이 소규모의 지속적인 공격을 통해 경쟁기업을 괴롭힘으로써 안정적이고 영구적인 발판을 마련하기 위한 전략이다. 일반적으로 선택적 가격인하, 집중적 촉진 공세, 주의를 끌기 위한 활동 등 다양한 방법들이 동원된다.

한편, 기업이 공격전략을 수립할 때는 시장선도기업의 약점을 분석한 후 이를 전략적으로 활용할 필요가 있다. 그리고 공격전략을 성공적으로 실행하기 위해 다음과 같은 조건들을 충족시켜야 한다.[8)]

첫째, 공격기업은 비용이나 차별화에서 시장선도기업을 압도할 수 있는 분명하고 지속가능한 경쟁우위를 가지고 있어야 한다.

둘째, 공격기업은 시장선도기업의 다른 경쟁우위를 상쇄할 수 있는 방법을 가지고 있어야 한다.

셋째, 공격기업은 시장선도기업의 반격을 무디게 할 수 있는 수단들을 가지고 있어야 한다.

넷째, 공격기업은 자신도 모르게 전략적 행동들이 산업 전체의 매력도를 떨어뜨리지 않도록 주의해야 한다.

---

8) M. Porter, *Competitive Advantage*, Free Press, 1985.

4-9. 방어전략

방어전략 사례

위 치 방 어	▪Heinz의 케첩을 공격하기 위해 Hunt가 상당한 비용을 투자하여 새로운 케첩을 출시하였으나 Heinz가 시장점유율을 50% 이상 유지함으로써 선도기업의 위치 방어
측 면 방 어	▪Heublein의 Smirnoff를 공격하기 위해 Wolfscmidt가 병당 1$ 가격인하, 그러나 Smirnoff는 오히려 1$ 가격인상 후 광고 확대와 함께, 새로운 브랜드의 저가 경쟁제품 출시
선 제 방 어	▪Seiko가 경쟁기업을 견제하기 위해 전 세계에 3,000개의 시계 모델 유통
반 격 방 어	▪Yamaha의 모터사이클 확장에 Honda가 가격인하, 판촉확대, 신모델 출시로 반격
이 동 방 어	▪Philip morris가 담배에서 맥주와 식품으로 비관련 다각화
후 퇴 방 어	▪Heinz, General Mills의 제품 라인 축소

자료: 상게서.

전략적 경쟁관계에 있는 기업들은 기존 경쟁기업이나 신규 진입기업으로부터 공격을 받게 마련이다. 방어전략은 주로 시장선도기업의 위치에서 경쟁기업들의 공격 가능성 및 위험성을 낮추거나 공격의 충격을 완화시킴으로써 기업의 경쟁우위를 유지시키는 데 목적이 있다. Kotler는 방어전략을 다음과 같이 구분하였다.[9]

▪ 위치방어(Position Defense)

위치방어란 기업이 브랜드파워를 구축한 후, 이를 난공불락의 우수 브랜드로 성장시킴으로써 현재의 위치를 방어하는 전략을 말한다.

9) 필립 코틀러, 전게서.

■ 측면방어(Flank Defense)

측면방어란 시장선도기업이 약한 측면을 보호하거나 이를 역공의 전초기지로 삼는 전략을 의미한다.

■ 선제방어(Preemptive Defense)

선제방어란 경쟁기업이 공격하기 전에 선도기업이 먼저 공격적인 방어를 하는 전략을 말한다. 예를 들면, 선도기업이 다양한 신제품을 먼저 출시하거나 가격을 지속적으로 인하시킴으로써 경쟁기업이 공격을 단념하도록 한다.

■ 반격방어(Counteroffensive Defense)

반격방어란 기업이 공격을 받았을 때 경쟁기업의 주요 시장을 반격함으로써 시장영역을 방어하거나, 또는 경제적, 정치적 영향력을 발휘하여 공격기업을 단념시키는 방어전략을 말한다.

■ 이동방어(Mobile Defense)

이동방어란 시장선도기업이 관련산업으로의 시장확장과 비관련산업으로의 시장다각화를 통해 미래에 공격과 방어의 중심이 될 새로운 시장영역을 확장하는 전략을 의미한다.

■ 후퇴방어(Contraction Defense)

후퇴방어란 시장선도기업이 모든 시장영역을 방어하기 어렵다고 판단하는 경우 상대적으로 약한 시장영역을 포기하고, 대신 강한 시장영역에 자원을 재할당하는 전략을 말한다. 전략적 철수와 같이 계획된 축소전략이 대표적인 후퇴방어 유형이다.

한편 Porter는 다음과 같이 다양한 방법의 방어전술들을 소개하였다.[10)]

■ **진입장벽 구축**

제품라인 격차 보강, 유통채널 봉쇄, 구매자 교체비용 인상, 규모의 경제 증대, 대체기술의 방어

■ **보복 가능성 증대**

방어의지 표시, 경쟁적 거래조건 제시, 다른 산업이나 국가에서 공격 입지 구축, 방어적 제휴관계 구축

■ **공격유인 감소**

가격 및 이익목표 인하, 산업의 미래에 대한 경쟁기업의 인식에 영향력 행사

---

10) M. Porter, *op. cit.*

제 5 장

비용우위전략

5-1 비용우위전략

5-2 비용우위의 원천

5-3 규모의 경제

5-4 경험효과

5-5 범위의 경제

5-6 비용분석과 가치사슬

5-7 복잡성 비용

5-8 비즈니스 프로세스 리엔지니어링

5-9 POSCO의 프로세스 혁신

5-1. 비용우위전략

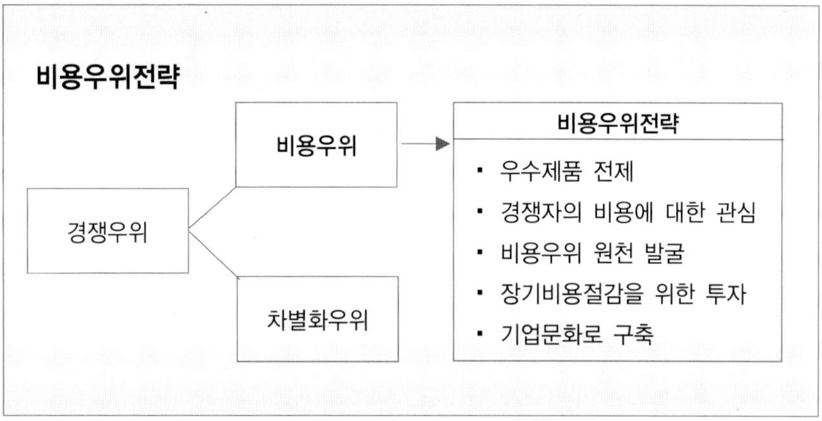

비용우위전략(Cost Advantage Strategy)이란 가격이 경쟁력의 원천이라는 전통적 개념에 따라 기업이 동일한 제품이나 서비스를 경쟁기업보다 더 저렴한 비용으로 생산하고 판매하는 전략을 의미한다.

비용우위전략은 전자나 자동차와 같은 제조업과 유통이나 운송과 같은 서비스업 등 다양한 산업에서 찾아볼 수 있으며, 유통업의 Walmart나 항공업의 Southwest Airline과 같은 기업들이 비용우위전략을 추구하는 대표적인 기업들이다. 비용우위전략을 추진하는 기업들은 일반적으로 규모의 경제, 범위의 경제, 비즈니스 프로세스의 재구축, 제품 및 서비스의 단순화와 같은 다양한 비용절감 방법들을 찾아내서 지속적으로 추진하는 특성을 가지고 있다.

Porter의 주장에 의하면, 비용우위전략을 선택하는 기업들은 다음과 같은 특징들이 있다.[1]

---

1) M. Porter, *Competitive Advantage*, Free Press, 1985.

첫째, 비용우위는 품질과 외형에서 우수한 제품들로부터 창출된다.

둘째, 비용우위기업은 경쟁기업의 비용에 대해 지속적으로 강한 관심을 보인다.

셋째, 비용우위기업은 비즈니스를 통해 다양한 비용우위의 원천을 찾아내고, 비용에 중대한 영향을 미치는 부문들을 지속적으로 관리한다.

넷째, 비용우위기업은 장기적으로 발생하는 비용을 절감하기 위한 투자를 주저하지 않는다.

다섯째, 비용우위기업은 비용절감을 기업문화 속에 구축한다.

5-2. 비용우위의 원천

비용우위의 원천

비용우위의 원천	결 정 요 인
규모의 경제	▪ 투입요소의 비분할성(Indivisibility)
	▪ 분업과 전문화
학습효과	▪ 숙련도의 향상
	▪ 조직의 일상적 과정 개선
생산기술	▪ 프로세스 혁신
	▪ 비즈니스 프로세스 리엔지니어링
제품디자인	▪ 디자인과 부품의 표준화
	▪ 제조업자를 위한 디자인
투입비용	▪ 입지우위
	▪ 저렴한 투입요소의 확보
	▪ 비노조원
	▪ 구매력
생산설비 활용도	▪ 변동비 대 고정비의 비율
	▪ 설비의 조정 속도
조직효율성	▪ 조직의 쇄신; 동기와 문화; 관리의 효율성

비용우위의 원천은 비용을 결정하는 다양한 결정요인들로부터 발생한다. Grant에 의하면 규모의 경제, 학습효과, 생산기술, 제품디자인, 투입비용, 생산설비 활용도, 조직효율성 등이 중요한 비용우위의 원천이며, 이들은 세부적인 결정요인의 영향을 받는다.[2] 비용을 결정하는 요인들은 제조업과 서비스업간에 차이가 있고, 또 사업의 성격에 따라 달라질 수 있기 때문에 기업 및 산업별 상황에 어울리는 결정요인들을 찾아내서 비용우위전략을 추진할 필요가 있다.

2) R. M. Grant, *Contemporary Strategy Analysis*, 6th. ed, Blackwell Publishers, 2007.

5-3. 규모의 경제

규모의 경제

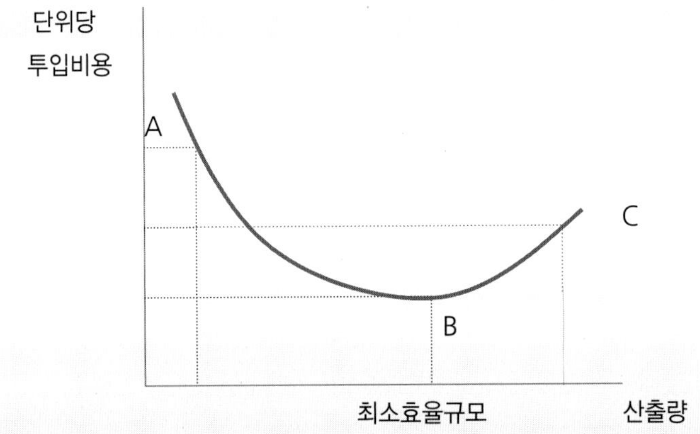

규모의 경제(Economies of Scale)란 일정기간 동안 생산량이 늘어나면서 비용이 절감되거나 효율성이 커지는 효과를 의미한다. 달리 말하면, 산출량이 증가할수록 단위당 투입비용이 최소효율규모(Minimum Efficient Scale)에 이를 때까지 감소하는 것을 규모의 경제라고 한다. 하지만 최소효율규모를 넘으면 조직의 관료화에 의한 부작용이나 소비패턴의 변화에 따른 제품차별화 및 유연성 확보의 필요성 때문에 그 효과는 점점 감소하게 된다.

규모의 경제는 생산뿐만 아니라 구매, 유통, 광고, 자금조달과 같은 여러 부문에서도 발생한다. 거대한 다국적기업들이 경쟁우위를 쉽게 확보할 수 있는 주요 원인 중의 하나가 바로 글로벌 생산 및 마케팅 활동을 통해 다양한 부문에서 규모의 경제를 달성할 수 있기 때문이다.

규모의 경제는 다음과 같은 결정요인에 의해 발생한다.[3]

3) *Ibid.*

■ **기술적 투입과 산출간의 관계**

전력산업과 같이 기술적 특성으로 인해 독점이 필요한 경우 중복투자는 비효율성이 커진다.

■ **투입요소의 비분할성**

투입요소를 일정량 이하로 구매할 수 없는 경우 여럿이 공동구입하여 생산에 활용함으로써 규모의 경제를 높일 수 있다.

■ **전문화의 이득**

개별생산 활동에서 대량생산을 통해 전문화가 촉진되는 경우 규모의 경제가 발생한다.

5-4. 경험효과

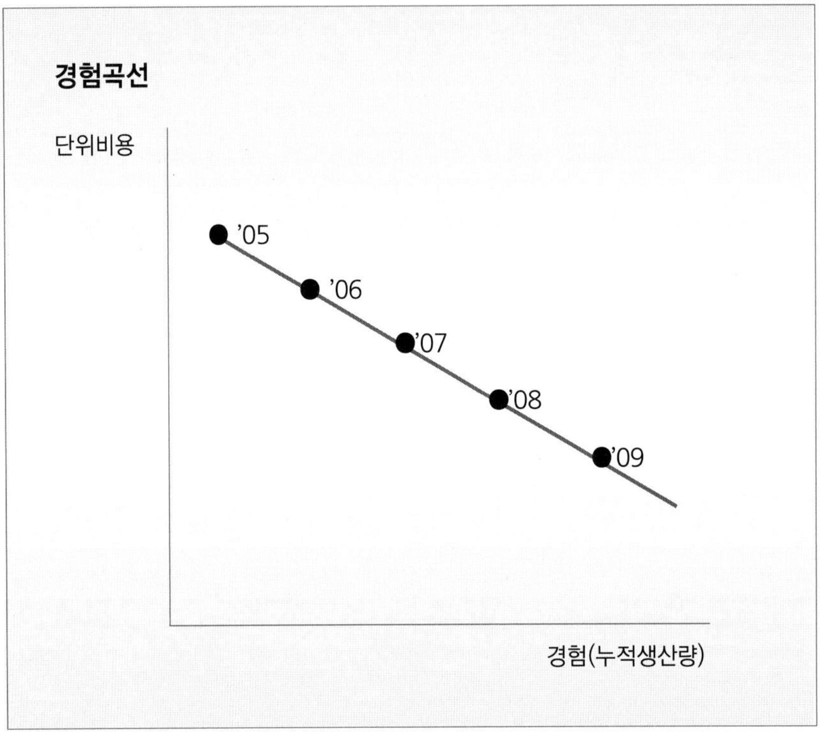

학습효과(Learning Curve Effect)로도 불리는 경험효과(Experience Curve Effect)는 누적생산량의 증가와 함께 기업의 경험이 풍부해지면서 단위당 비용이 일정한 비율로 감소하는 현상을 의미한다. 경험곡선은 X축에 경험, 즉 누적생산량이나 시간을 놓고 Y축에는 단위비용을 표시한 후 경험효과에 따라 그려지는 우하향 곡선인데, 이들 두 변수에 로그(Log)를 취하면 직선의 형태로 나타난다. 경험곡선은 기울기가 가파를수록 효과가 크다.

경험효과는 단순히 생산량을 늘린다고 해서 나타나는 것은 아니다. 기업이 생산현장에서 공정혁신과 자재관리, 제품설계의 개선과 표준화, 학습을 통한 노동숙련도의 향상과 전문화, 그리고 조직의 개선과 같은 노력을 할 때 경험효과는 더욱 커진다.

경험곡선은 기업의 원가동향 분석에 도움을 준다. 특히 기업들은 경험곡선을 이용하여 미래 생산량의 증가에 따른 원가하락을 예측한 후 경쟁기업보다 낮은 가격을 책정함으로써 경쟁력을 확보할 수 있다.

5-5. 범위의 경제

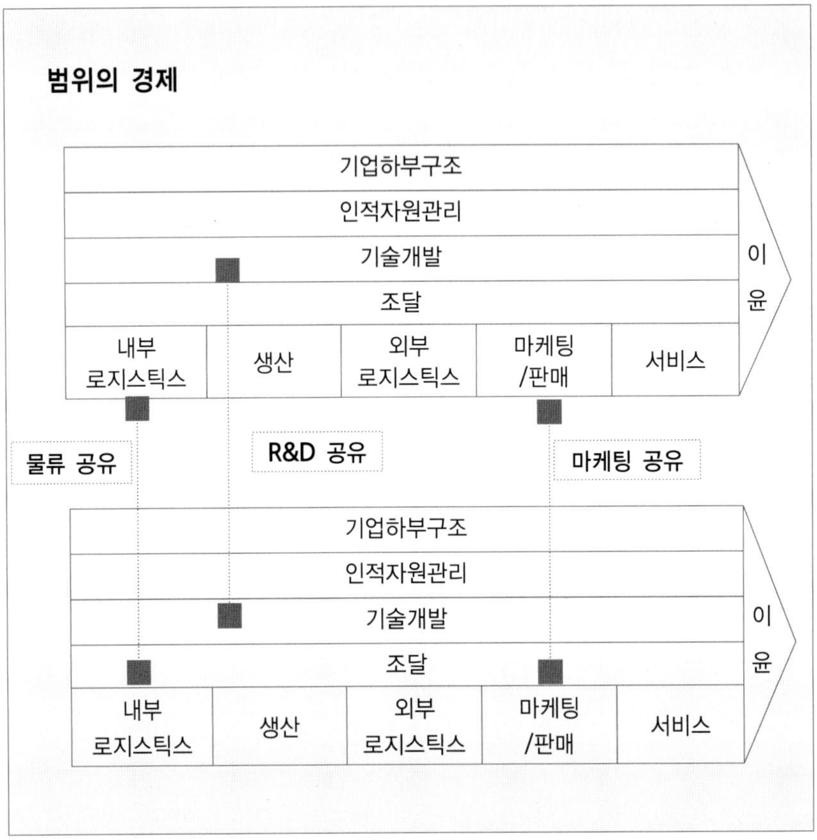

범위의 경제(Economies of Scope)란 기업이 단일 제품을 생산할 때 나타나는 규모의 경제에 대응하는 개념으로서, 여러 개의 제품들을 여러 개별기업들이 각각 생산하는 것보다 한 기업이 동시에 생산할 때 평균비용이 감소하는 현상을 말한다. 따라서 범위의 경제는 사업다각화의 주요 원인을 제공하며, 다음과 같은 경우에 발생한다.

첫째, 기업이 두 가지 이상의 제품을 동시에 생산할 때 투입요소를 공동 사용함으로써 발생한다.

둘째, 기술이나 정보와 같이 추가 생산을 위해 추가 비용을 부담하지 않아도 되는 자원들을 활용하여 각각 다른 제품들을 생산할 때 발생한다.

5-6. 비용분석과 가치사슬

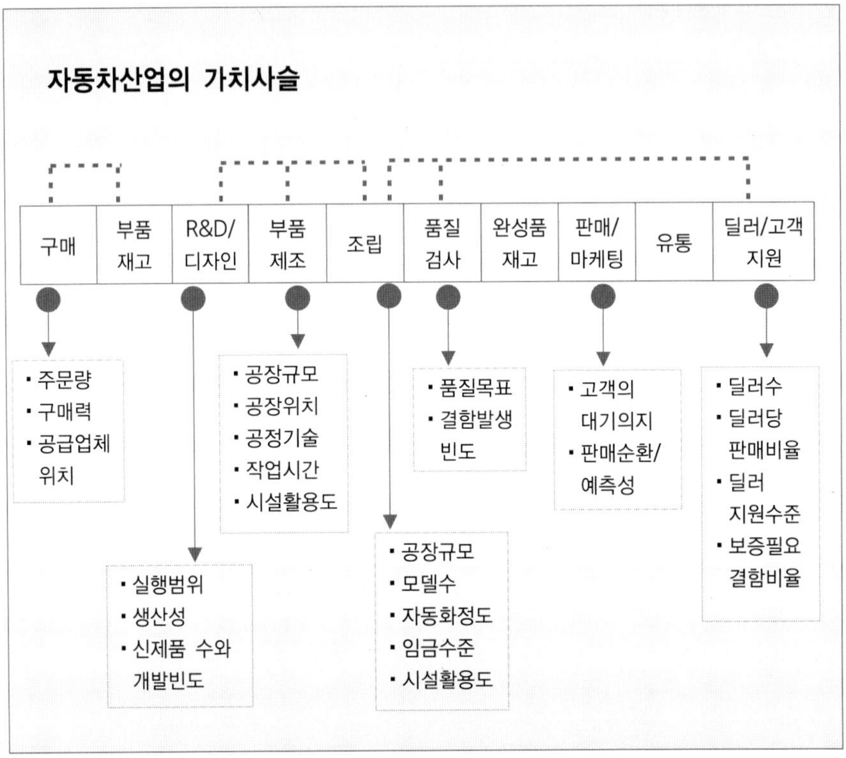

3장에서 설명한 바와 같이, 기업은 가치사슬을 통해 각 활동에서 발생하는 비용과 가치창출 정도를 측정함으로써 내부역량을 체계적으로 분석할 수 있다. 특히 기업들은 가치사슬의 분석을 통해 비용발생이 큰 비효율적 부문들을 찾아내고 그 원인을 파악함으로써 효과적인 비용우위전략을 수립할 수 있다.

Grant는 비용분석을 위한 가치사슬의 활용과정을 다음과 같이 설명하였다.[4]

---

4) *Ibid.*

■ 주요활동 확인

산업마다 주요활동이 다르며, 자동차산업의 경우 구매부터 딜러/고객 지원단계까지 주요활동을 10단계로 구분할 수 있다.

■ 총비용 할당

기업자료를 이용하여 총비용을 각 활동별로 할당한다.

■ 비용발생요인 파악

각 활동별로 비용발생의 요인들을 파악한다. 예를 들면, 구매활동에서는 주문량, 구매력, 공급업체의 위치 등이 비용발생에 영향을 미친다고 할 수 있다.

■ 관련성 파악

비용절감 측면에서 상호관련성이 높은 활동들을 파악한다. 구매와 부품재고 활동은 주문을 통합함으로써 저렴한 비용으로 부품의 재고량을 늘릴 수 있고, R&D/디자인과 부품제조, 조립에서는 상이한 부품과 플랫폼 등을 상호 공동으로 사용할 수 있도록 디자인함으로써 제조비용을 절감할 수 있으며, 조립과 품질검사, 딜러/고객 지원 부문은 제조과정에서의 품질을 향상시킴으로써 보증비용 등을 절감할 수 있다.

■ 비용절감 방안 제시

마지막으로 비용을 절감할 수 있는 방법들을 추천한다. 예를 들면, 중복업무가 발생하는 구매와 부품재고 부문간에 업무통합을 위한 리엔지니어링을 구축하도록 제시한다.

5-7. 복잡성 비용

복잡성 비용의 악순환

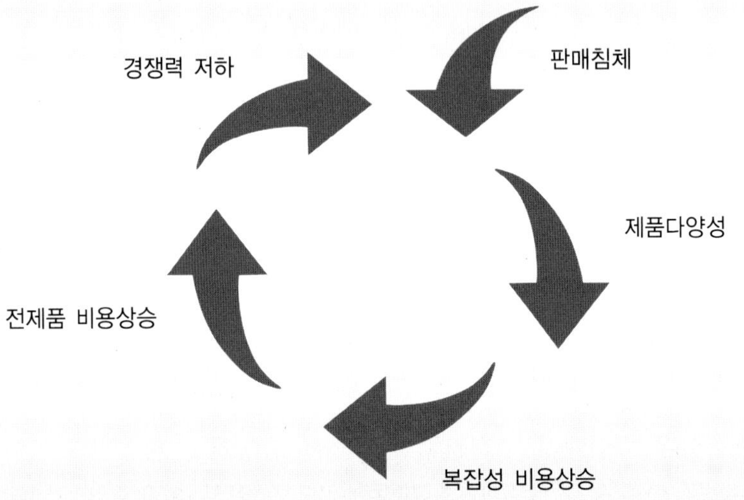

범위의 경제가 발생하는 경우 다양한 제품을 생산함으로써 평균비용을 절감할 수도 있지만 일반적으로 제품의 종류가 많아지면 복잡성의 증가로 인해 추가비용이 발생하게 된다. 이와 같은 복잡성 비용(Complexity Cost)은 기업의 비용구조를 악화시킴으로써 기업의 경쟁력을 떨어뜨리는 결과를 가져오기 때문에 철저한 관리가 필요하다.

Rommel의 주장에 의하면, 판매침체로 가격경쟁과 함께 유휴시설이 증가하면 기업은 틈새시장을 차지하기 위해 다양한 제품을 개발하게 된다. 하지만 제품의 다양성은 괄목할만한 시장점유율의 증가 없이 복잡성 비용만을 상승시키고, 이 상승은 다시 전 제품군의 비용을 상승시키면서, 결국 기업의 경쟁력을 저하시키는 악순환

이 지속된다.[5)]

따라서 기업은 복잡성 비용을 줄이기 위해 복잡성을 최소화할 수 있는 최적의 제품믹스를 도출하고 비즈니스 프로세스를 재구축해야 하며 복잡성의 위험에 민감하게 반응하는 조직으로 변신해야 한다. 최근 이와 같은 방법으로 비용을 줄이기 위해 기업들이 선택하는 전략이 바로 리스트럭처링(Restructuring)과 비즈니스 프로세스 리엔지니어링(Business Process Reengineering)이다.

리스트럭처링이란 1980년대 이후 글로벌경쟁의 심화로 경영환경이 악화되면서 여러 개의 사업부나 기업을 보유하고 있던 기업들이 공장폐쇄와 아웃소싱과 같은 방법으로 사업부를 철수하거나 축소함으로써 사업구조를 새롭게 다시 구축했던 전략을 의미한다. 리스트럭처링은 비용절감을 통해 기업의 경쟁력을 강화하기 위한 전략이지만, 결국 경쟁력을 상실한 사업에 투입했던 자원을 경쟁우위에 있는 사업에 재분배하는 사업영역의 결정과 관련된 기업전략이기 때문에 자세한 내용은 기업전략을 다루는 3부에서 살펴보기로 한다.

---

5) G. Rommel, J. Kluge, R. Kempis, R. Diederichs, and F. Bruck, *Simplicity Wins,* Harvard Business School Press, 1995.

5-8. 비즈니스 프로세스 리엔지니어링

리엔지니어링의 특성

리엔지니어링			
	1	Fundamental	▪ 업무의 점진적 개선보다는 제로상태에서 다시 생각
	2	Radical	▪ 현재의 업무방식을 탈피한 새로운 업무방식 도입
	3	Dynamic	▪ 성과의 점진적인 향상이 아닌 극적 향상
	4	Process	▪ 조직/사람 중심에서 전체 프로세스로 중심 이동
	5	IT	▪ 정보기술의 활용

비즈니스 프로세스 리엔지니어링(Business Process Reengineering)은 1980년대 이후 리스트럭처링과 함께 기업들의 비용절감을 위한 혁신적인 경영기법으로 등장하였다. Hammer와 Champy 등에 의해 주창된 리엔지니어링은 기업이 비용, 품질, 서비스, 속도와 같은 주요 경영평가 척도에서 극적인 성과의 향상을 이루기 위해 혁신적인 정보기술을 바탕으로 기존의 비즈니스 프로세스를 근본적으로 다시 생각하고 과감하게 재설계하는 업무재구축을 의미한다.[6]

리엔지니어링을 실천하는 구체적인 방법들은 다음과 같다.[7]

---

6) M. Hammer and J. Champy, *Reengineering Corporation: A Manifesto for Business Revolution,* Harper Business, 1993.

7) R. M. Grant, *op. cit.*

- 다양한 업무의 통합
- 공정단계의 자연스러운 재배치
- 복잡한 체계나 통제의 축소
- 단일 접촉점으로서 케이스매니저의 활용
- 분산화와 집중화

5-9. POSCO의 프로세스 혁신

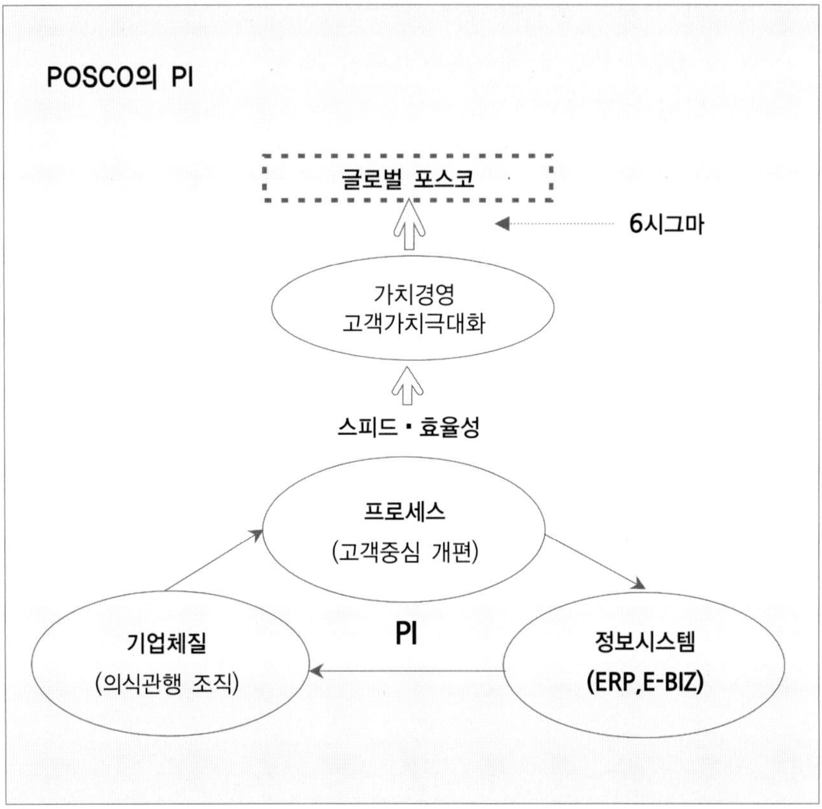

포스코(POSCO)는 자신들이 일하는 방식과 문화를 세계화시키고자 하는 '글로벌 포스코'를 실현하기 위해 1999년부터 PI(Process Innovation)라는 경영혁신을 시작하였다. PI란 ERP(전사적 자원관리)와 E-BIZ 등과 같은 정보시스템의 구축과 기업조직의 혁신을 통해 비즈니스 프로세스를 혁신적으로 재구축하고자 하는 전형적인 리엔지니어링을 의미한다. 특히 리엔지니어링의 구축에 IT시스템이 필요한 이유는 분업과 같은 직렬작업보다는 정보나 데이터 공유 등을 통해 업무를 동시에 처리함으로써 고객들에게 보다 좋은 제품을 빠르게 제공할 수 있는 병렬작업이 필수적이기 때문이다.

포스코는 이와 같은 PI를 통해 하드웨어 인프라를 성공적으로 구축하였고, 여기에 6시그마와 같은 소프트웨어적 경영혁신을 정착시켰다. 6시그마는 PI를 바탕으로 문제를 과학적, 통계적으로 풀어나가는 혁신활동으로서 PI와 함께 '글로벌 포스코'를 실현시키는 주요 동력이다.

포스코(POSCO)의 PI사례처럼, 6시그마는 비즈니스 프로세스 리엔지니어링과 밀접한 관계를 가지고 있다. Mikel Harry가 1987년에 Motorola의 제품품질 개선을 위해 개발한 6시그마는 통계학의 정규분포에서 평균을 중심으로 6배의 표준편차 이내에서 양질의 제품을 생산할 수 있는 공정의 능력을 의미한다. 이론적으로는 백만 개의 제품 중 0.002개의 불량품을 말하지만, 현실적으로는 3.4ppm, 즉 백만 개 당 3.4개의 불량품 비율을 의미하기도 한다.

기업이 6시그마를 성공적으로 추진하기 위해서는 무엇보다 고객중심적인 사고가 필요하다. 무결점 품질의 제품을 통해 고객만족도를 높이기 위해서는 기업이 먼저 조직을 팀 중심의 수평적인 조직으로 변화시켜야 한다. 그리고 제품의 설계단계부터 서비스단계까지 각 부서간의 협조를 촉진시키면서 기업의 모든 가치활동을 계량화하고 고객의 관점에서 평가하도록 한다. 6시그마의 추진은 DMAIC(Define, Measure, Analyze, Improve, Control)의 기본틀에 따라 단계적으로 추진된다.

제 6 장

차별화전략

6-1. 차별화전략

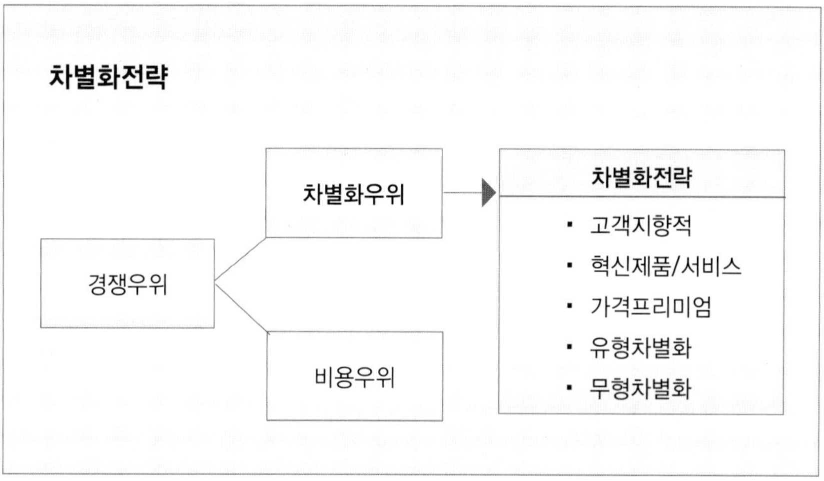

차별화전략(Differentiation Advantage Strategy)이란 기업이 저렴한 비용보다는 기술적 우위 등을 기반으로 경쟁제품과 차별화할 수 있는 혁신제품 및 서비스를 생산하고 판매함으로써 고객에 대한 가치를 창출하고 향상시키는 전략을 말한다. 따라서 차별화전략은 단순히 제품이나 서비스를 차별화하는 것이 아니라 차별화를 통해 기업과 고객과의 전반적인 관계를 향상시키기 위한 고객지향적인 경영전략이라고 할 수 있다.

기업이 차별화전략에 성공하면 고객의 상표충성도가 높아지면서 제품 및 서비스의 경쟁력이 강화되고 새로운 기업에 대한 진입장벽이 구축될 뿐만 아니라 대체품의 부재로 가격이 비탄력적이 되면서 가격프리미엄의 혜택까지 받을 수 있다.

차별화전략의 기반이 되는 차별화우위는 다음과 같이 무형차별화와 유형차별화로 구분할 수 있다.[8)]

8) R. M. Grant, *Contemporary Strategy Analysis,* 6th. ed, Blackwell Publishers, 2007.

■ **유형차별화**

크기, 색상, 자재, 성능, 포장, 보완적 서비스 등과 같은 가시적 제품의 특성

■ **무형차별화**

고객의 이미지, 지위, 신분, 독점적 소유욕에 어필할 수 있는 비가시적이고 주관적인 특성

6-2. 차별화와 시장세분화

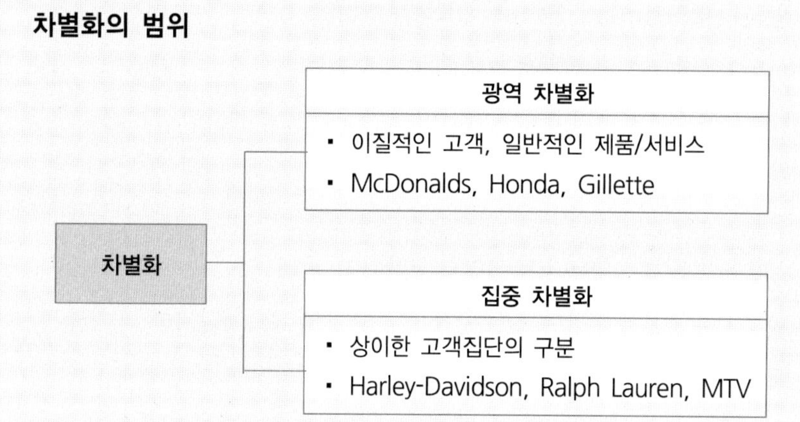

자료: R. M. Grant, *Contemporary Strategy Analysis*, 6th. ed, Blackwell Publishers, 2007.

일반적으로 차별화전략은 높은 시장점유율과 양립하기 어렵다. 그 이유는 차별화 자체가 배타적 성격이 강하기 때문이다. 그래서 성공적인 차별화전략을 위해서는 다수의 고객보다는 시장세분화를 통해 매력도가 높은 목표시장을 선정하고 그 시장의 고객특성을 분석한 후 그들만을 위한 가치명제를 설정하여 장기적인 관계를 구축하는 것이 필요하다.

그러나 기업이 차별화전략에 반드시 시장세분화를 포함할 필요는 없다. 그 이유는 차별화와 세분화는 분명한 개념적, 전략적 차이가 있기 때문이다. 먼저 차별화는 기업의 경쟁방법(How)에 관한 것으로, 기업이 자사제품을 경쟁제품과 어떻게 구분할 것인가가 최대 관심사다. 이에 반해, 세분화는 기업의 경쟁영역(Where)에 관한 것으로, 기업이 어떤 고객, 어떤 니즈, 어떤 지역을 목표로 경쟁할 것인가에 중점을 둔다.

차별화전략의 세분화 포함 여부는 다음과 같이 차별화의 범위에 따라 달라진다.

■ 광역차별화(Broad Scope Differentiation)

광역차별화란 이질적인 고객 사이에서 일반적인 제품 및 서비스로 어필하는 차별화를 의미하며, McDonalds, Honda, Gillette 등과 같은 기업들이 여기에 해당된다.

■ 집중차별화(Focused Differentiation)

집중차별화란 상이한 고객집단을 구분한 후 이들의 니즈에 맞게 제품 및 서비스를 차별화하는 것으로 Harley-Davidson, Ralph Lauren, MTV 등이 여기에 해당된다.

6-3. 차별화분석: 수요측면

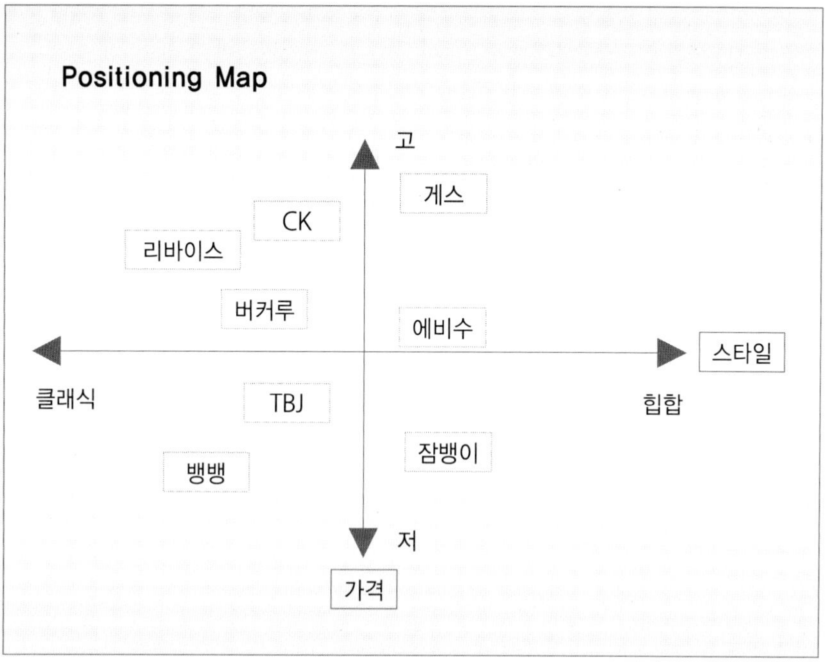

차별화전략을 성공적으로 수립하기 위해서는 제품에 대한 수요 및 공급차원의 분석이 선행되어야 한다. 일반적으로 기업들은 수요측면에서 제품의 속성과 고객의 특성을 파악하고, 공급측면에서는 기능별 차별화의 가능성을 조사한다.

먼저 수요측면에서의 제품분석은 제품이 고객의 어떤 니즈를 만족시키고 주요 속성이 무엇인가를 분석하는 것이다. 따라서 고객에 대한 분석은 다음과 같이 소비자가 어떤 기준으로 제품을 선택하고, 그리고 소비를 유발하는 동기가 무엇인가를 파악할 필요가 있다.

■ **소비의 기준**

제품속성과 소비자 선호도와의 관련 패턴, 제품속성에 적합한

가격프리미엄

■ **소비유발 동기**

소비행위와 인구통계적, 사회문화적, 심리적 상관관계의 분석

이와 같이 수요측면의 분석을 통해 기업은 목표 소비자집단을 선택하고, 제품속성에 어울리는 포지셔닝을 구축하며, 차별화의 이익과 비용을 고려한 차별화전략을 수립하게 된다.

6-4. 차별화분석: 공급측면

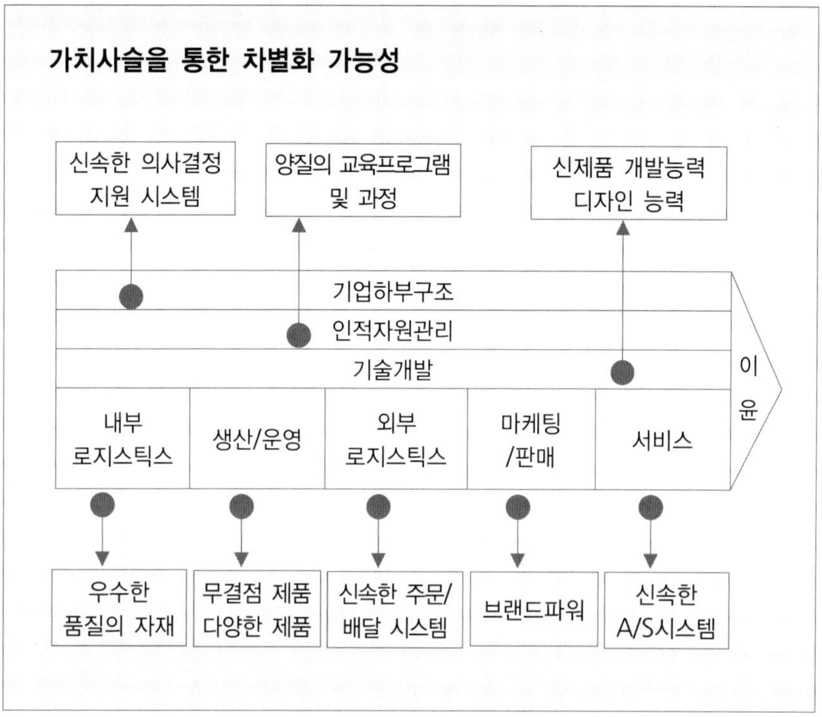

공급측면에서의 분석은 기능별로 차별화의 가능성을 조사하는 것이다. 기업의 기능별 차별화는 가치사슬을 통해 다음과 같이 파악할 수 있다.

■ **기업하부구조**

경영정보시스템(MIS)과 같은 의사결정지원시스템의 보유 및 효율적 활용

■ **인적자원관리**

우수한 인재의 채용/교육/보상프로그램 및 과정, 비공식조직의 효과적인 활동, 상호 신뢰성이 높은 노사관계

■ **기술개발**

신속한 신제품 개발능력, 우수한 디자인 능력

■ **내부로지스틱스**

양질의 자재 및 부품, 충분한 재고

■ **생산/운영**

무결점 제품, 다양한 제품

■ **외부로지스틱스**

신속한 주문/배달 시스템

■ **마케팅/판매**

강력한 브랜드파워의 구축, 마케팅조직의 탁월한 능력, 효율적인 마케팅기법 및 판매망

■ **서비스**

신속한 A/S 및 B/S시스템, 기업에 대한 고객의 높은 신뢰도

기업은 자사의 가치사슬을 고객사의 가치사슬과 연계함으로써 기능별 차별화를 촉진할 수도 있다. 예를 들면, 자사의 신속한 배달시스템을 고객사의 자재/부품 재고와 연결하여 중복활동을 효율적으로 관리함으로써 기능별 차별화를 추구할 수 있다.

6-5. 차별화와 마케팅믹스

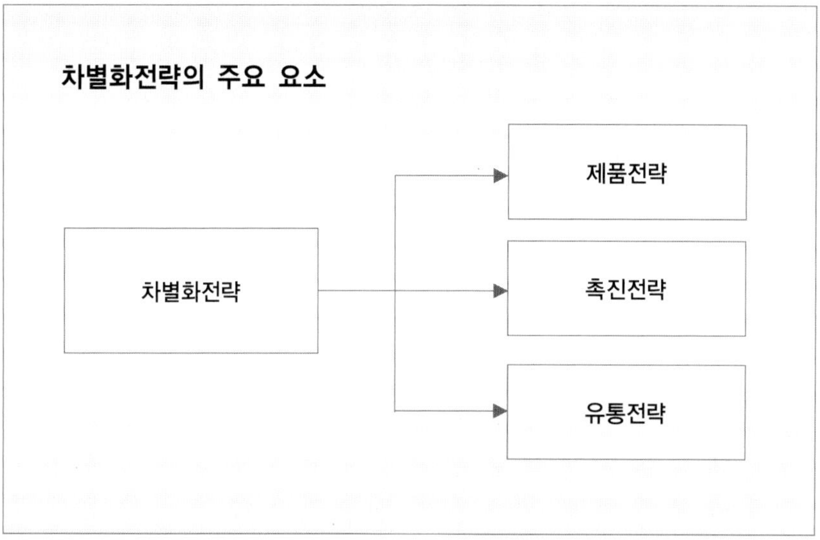

기업의 차별화전략은 구체적으로 마케팅믹스의 구성요소를 전략적으로 차별화하는 것을 의미한다. 마케팅믹스란 기업이 표적시장과 관련된 마케팅목표를 달성하기 위해 다음과 같이 제품(Product), 가격(Price), 촉진(Promotion), 유통(Place) 등의 구성요소를 적절히 결합하는 것을 말한다. 차별화전략의 경우, 이들 구성요소 가운데 가격은 일반적으로 고가로 책정되기 때문에 특별히 가격인하를 계획할 필요는 없다. 그 이유는 제품차별화로 인해 추가적 비용이 상승하면서 가격인상 요인이 발생할 뿐만 아니라 고객만족도 및 상표충성도의 제고로 높은 가격프리미엄을 받을 수 있기 때문이다.

■ **제품**

신제품개발, 제품의 질, 제품스타일, 브랜드, 포장, 설치 및 배달, A/S 등에 관한 의사결정

■ **촉진**

광고, 인적판매, 판매촉진, PR(Public Relations), 스폰서십(Sponsorship) 등에 관한 의사결정

■ **유통**

유통경로 설계, 물류 및 재고관리, 도매상 및 소매상 관리 등에 관한 의사결정

6-6. 차별화와 제품전략

제품전략

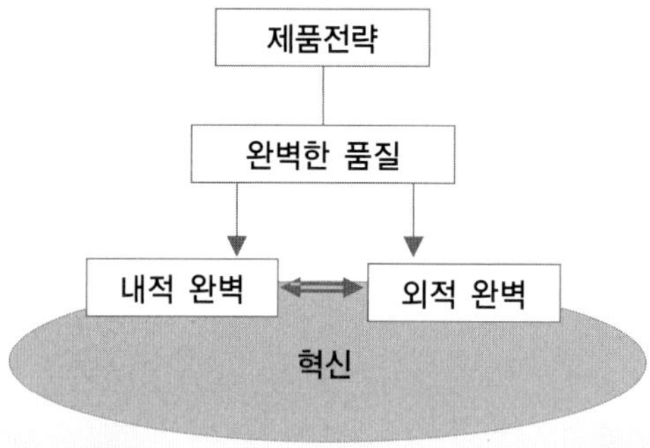

차별화가 성공하기 위해서는 제품 및 서비스가 반드시 고객의 니즈와 일치해야만 하고, 이러한 일치는 무엇보다도 제품 및 서비스의 완벽한 품질을 통해서 이루어질 수 있다. 따라서 차별화를 위한 제품전략의 가장 큰 목표는 완벽한 품질의 완성에 있다.

제품의 완벽한 품질이란 제품이 가지고 있는 다양한 특성의 완벽한 조화를 의미하며, 다음과 같이 내적 완벽과 외적 완벽으로 이루어진다.[9]

- **내적 완벽(Internal Integrity)**

  기능과 구조의 조화

- **외적 완벽(External Integrity)**

  제품과 고객의 목적/가치/라이프스타일간의 조화

---

9) *Ibid.*

일단 기업이 완벽한 품질의 제품을 생산하여 차별화에 성공하면 산업평균 이상의 높은 수익을 올릴 수 있다. 그 이유는, 앞에서 설명한 것처럼, 고객의 상표충성도가 높아지면서 기업이 산업 내 경쟁구조에서 경쟁에 유리한 위치를 차지할 수 있을 뿐만 아니라 제품의 차별화로 인한 비용의 증가보다 더 큰 가격프리미엄의 수혜로 인해 기업의 이익이 상승하기 때문이다.

6-7. 제품전략: 혁신

혁신의 성공조건

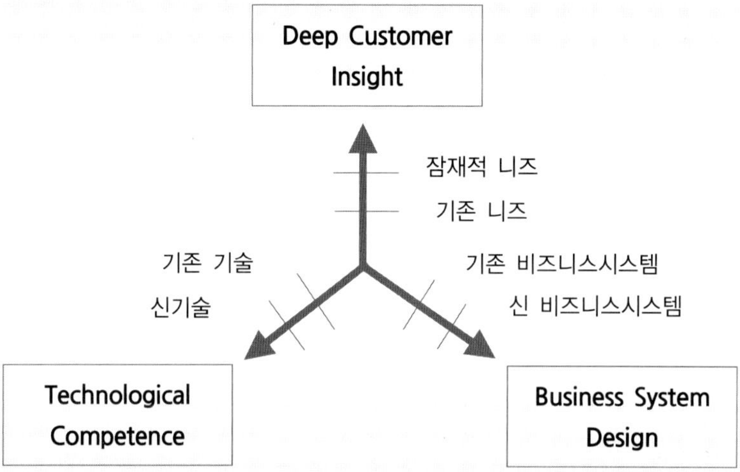

자료: 이승주, 「경영전략 실천 매뉴얼」, Sigma Insight Group, 1999, 재인용

기업이 완벽한 품질의 제품 개발로 차별화에 성공하기 위해서는 무엇보다도 혁신(Innovation)을 장려하는 기업문화가 구축되어야 한다. 혁신이란 새로운 기술이나 제품을 성공적으로 개발하고 상업화하는 과정을 의미한다.

기업이 혁신에 성공하기 위해서는 기술적 역량 외에도 고객에 대한 철저한 이해와 함께 새로운 비즈니스 시스템의 구축이 반드시 필요하다. 특히 고객가치를 높일 수 있는 신제품 개발을 위해 기업은 기존의 고객욕구뿐만 아니라 드러나지 않은 잠재적 욕구까지도 철저하게 분석해야 한다. 그리고 비즈니스 시스템도 기존의 방식에 얽매이지 말고 새로운 시스템으로 디자인해야 한다.

6-8. 제품전략: 3M

3M의 혁신문화

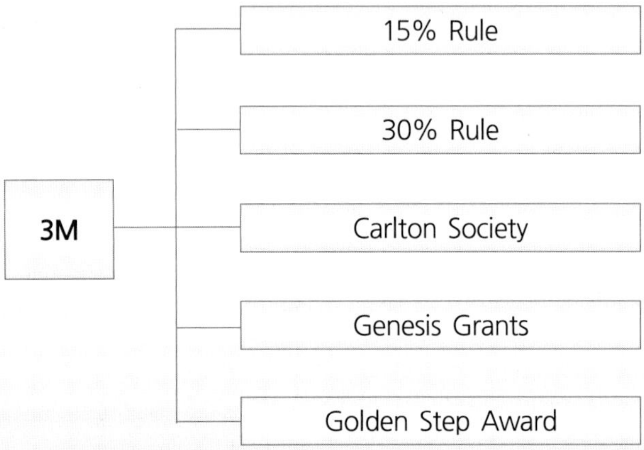

혁신을 기업문화로 정착시켜 성공한 대표적 기업으로 3M을 손꼽을 수 있다. 3M은 1948년에 전임회장 McKnight의 Principles를 회사의 공식 경영정책으로 정착시킨 이후 다음과 같이 다양한 제도들을 통해 혁신을 지속적으로 추진하고 있다.

■ 15% 규칙

기술직 사원은 근무시간의 15%를 업무와 관계없이 자신이 원하는 프로젝트의 아이디어를 창출하는데 사용할 수 있다. 이 규칙을 통해 획기적인 제품을 개발하거나 사업을 창출한 직원들을 대상으로 혁신가상(Innovation Award)을 수여한다.

■ 30% 규칙

총매출의 30%를 과거 5년 내에 개발된 신제품으로 구성한다.

■ Carlton Society

두드러진 업적을 이룬 기술직 종업원들을 우대하기 위해 명예회원제를 운영하고 있다.

■ Genesis Grants

새로운 프로젝트의 시제품개발이나 시장테스트를 위해 내부 벤처기금을 지원한다.

■ Golden Step Award

수익성 있는 신규사업의 매출이 1천만 달러 이상 달성되었을 때 수여되는 상으로 기술혁신의 실용적인 면을 표창한다.

6-9. 차별화와 촉진전략

경험재의 게임이론

		기업: 고품질	기업: 저품질
고객	고가구매	10 (고객), 10 (기업)	-5 (고객), 15 (기업)
고객	저가구매	15 (고객), -5 (기업)	5 (고객), 5 (기업)

차별화전략을 수행하는 기업들은 제품의 우수한 품질을 고객들에게 효과적으로 알리기 위해 광고와 같은 촉진수단을 적극 활용할 필요가 있다. 그 이유는 소비자들이 제품의 품질에 대해 미리 알 수 없는 경우 수인의 딜레마, 즉 비협조적 게임으로 인한 이익감소의 발생가능성이 커지기 때문이다.

특히 구매 후 사용을 통해서만 소비자가 품질을 확인할 수 있는 경험재(Experience Goods)의 경우 기업의 품질전략과 소비자의 구매전략간에 수인의 딜레마가 발생하기 쉽다. 따라서 기업이 소비자에게 경험재에 대한 품질정보를 미리 알려주지 않는다면, 결국 게임의 균형점이 기업의 저품질 제품의 생산과 고객의 저가구매로 이동하면서 기업과 고객 모두의 이익이 감소하게 되는 비협조적 게임이 되어버린다.

이와 같은 수인의 딜레마를 극복하기 위해 기업들은 다양한 촉진수단을 동원하여 소비자들에게 품질에 관한 정보를 제공한다. 특히 광고나 무료샘플 제공과 같은 적극적인 방법들을 통해 소비자에게 품질에 대한 정보를 전달하고 제품에 대한 확신을 심어줌으로써 기업과 고객 모두 고품질, 고가구매의 상호이익 상태가 되도록 하는 것이다.

한편 차별화된 촉진전략은 소비자에게 제품의 가치를 알리고 정보를 제공하는 기능 외에도 제품의 차별화된 이미지를 더욱 강화시키는 촉진제 역할을 한다. 따라서 기업들은 자사제품을 경쟁기업들의 유사제품과 차별화하기 위해 막대한 촉진비를 투자하는 것이다.

6-10. 차별화와 유통전략

소비재의 유통경로

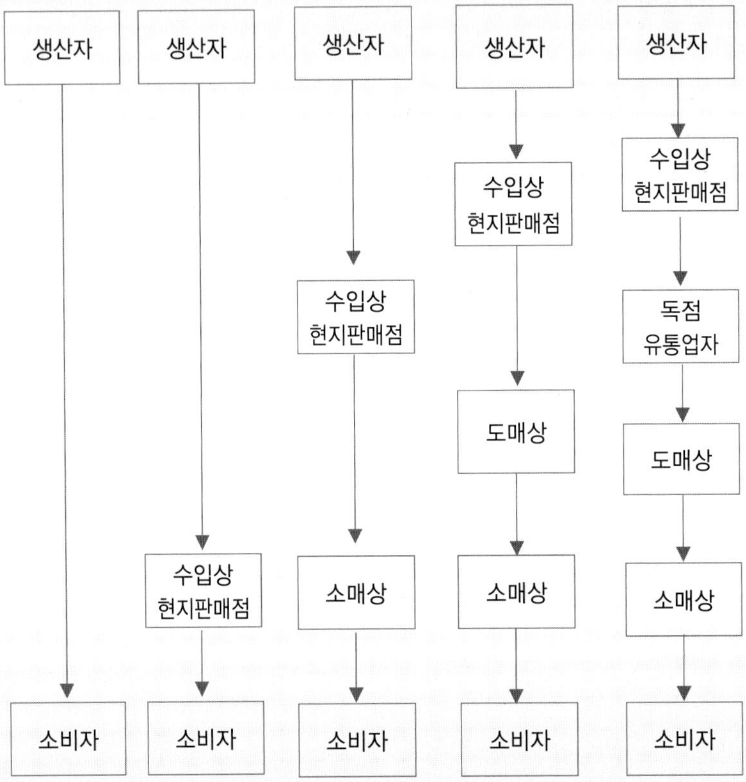

자료: 반병길, 이인세, 「글로벌마케팅」, 박영사, 2008.

기업들이 차별화우위를 가질 수 있는 방법은 완벽한 제품의 생산과 효과적인 촉진활동 외에도 강력한 유통망을 활용하는 방법이 있다. 일반적으로 많은 생산업체들이 소비자에게 제품을 직접 판매하지 않고 도매상 및 소매상을 통해 판매한다. 이처럼 제품이 생산업체로부터 소비자까지 도달하는 유통과정에서 기업들이 경쟁기업보다 더 큰 경쟁우위를 확보하기 위해 수립하는 전략을 유통전략이라고 한다.

유통전략이 성공하기 위해서는 기업이 가장 효율적이고 효과적인 유통경로를 선택하고 확보하는 능력을 보유해야 한다. 결국 효율적이고 효과적인 유통경로란 기업이 제품에 가장 잘 어울리고 경쟁력 있는 유통망을 확보함으로써 고객이 원하는 시간에 보다 더 저렴한 비용으로 소비자에게 제품을 전달할 수 있는 과정을 의미한다.

생산업체는 경쟁력 있는 유통업체를 확보하기 위해 다음과 같은 방법들을 활용한다.

■ **유통업체 지원**

일반적으로 기업들은 유통업체의 판촉활동을 경제적으로 지원한다.

■ **재판매가격 관리(Resale Price Management)**

기업은 희망소비자가격과 같은 가격관리를 통해 소매상에게 높은 마진을 보장하고 소매단계에서의 가격경쟁을 사전에 방지한다.

6-11. 딤채의 차별화전략

딤채의 Positioning Map

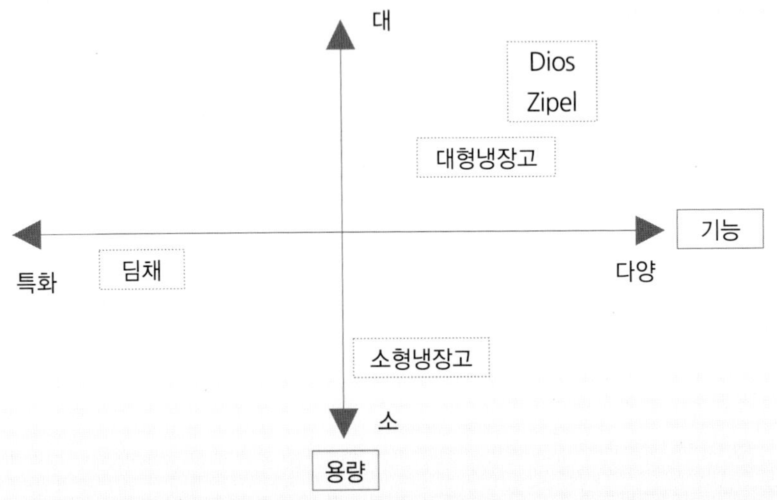

딤채는 기존 냉장고의 속성을 차별화하여 김치냉장고라는 새로운 시장영역, 즉 블루오션(Blue Ocean)을 개척한 대표적 성공사례이다. 딤채의 차별화전략이 성공할 수 있었던 것은 소비자의 충족되지 않은 니즈를 찾아 제품의 속성을 일치시켰기 때문이다.

딤채의 생산업체인 위니아만도는 수요분석을 통해 다음과 같이 목표 소비자집단을 선택하고 고객의 특성과 제품속성에 어울리는 포지셔닝을 구축한 후 차별적인 마케팅전략을 실행하였다.

- **목표시장**

딤채는 목표시장으로 아파트나 빌라에 거주하는 30대부터 50대까지의 중상류층 주부를 선정하였다. 이들은 품질을 중요시하기 때문에 새로운 기능의 고품질 가전제품을 고가에 기꺼이 구입하는 특성을 지니고 있다.

■ 제품

딤채는 저장실 온도편차의 1도 이내 유지, 추가익힘 및 자가진단기능, 천연황토 재질의 보관용기, 우수한 디자인 등으로 경쟁제품과의 차별화에 성공하였으며, 특히 브랜드를 김치의 옛말인 딤채로 네이밍한 후 기업명을 감추는 브랜드전략을 통해 가전제품 브랜드로서의 낮은 인지도를 해결하였다.

■ 가격

발효과학이라는 기술력을 바탕으로 제품의 이미지를 고급화하고 고가격정책을 유지함으로써 딤채는 경쟁사보다 10%-20%의 높은 가격프리미엄 혜택을 받을 수 있었다.

■ 촉진

초기에는 홍보우편물 발송과 제품설명회, '딤채계'를 이용한 구전마케팅 등을 활용하였으며, 최근에는 미디어광고와 사이버커뮤니티인 '딤채클럽'을 통한 구전마케팅을 실시하고 있다.

■ 유통

딤채는 전문점의 전국망 및 글로벌 영업망의 구축 외에도 온라인 판매를 실시하는 유통전략을 추진하고 있다.

한편 딤채는 앞에서 설명한 경험재의 문제점 중 하나인 수인의 딜레마를 고객품질평가단의 사전체험이라는 판촉방법을 통해서 해결하였다. 판촉결과, 6개월간 무료로 제품을 사용한 여성 오피니언 리더 대부분이 품질에 만족함으로써 소비자에게 품질에 대한 확신을 심어주었고, 이로 인해 높은 가격프리미엄을 형성할 수 있었다.

제품차별화에 성공한 딤채는 소비자의 높은 상표충성도로 인해 시장점유율을 50% 이상 유지하고 있으며, 매출부문도 출시 초기 4000대에서 2006년까지 누적매출량이 400만대에 이르는 등 높은 성과를 기록하였다.

제 7 장
경쟁전략의 대안

7-1 경쟁전략 대안

7-2 성장전략

7-3 내적성장과 외적성장

7-4 성장전략과 성과

7-5 성장전략의 3단계

7-6 Walt Disney의 성장전략

7-7 안정전략

7-8 Texas Instruments(TI)의 안정전략

7-1. 경쟁전략 대안

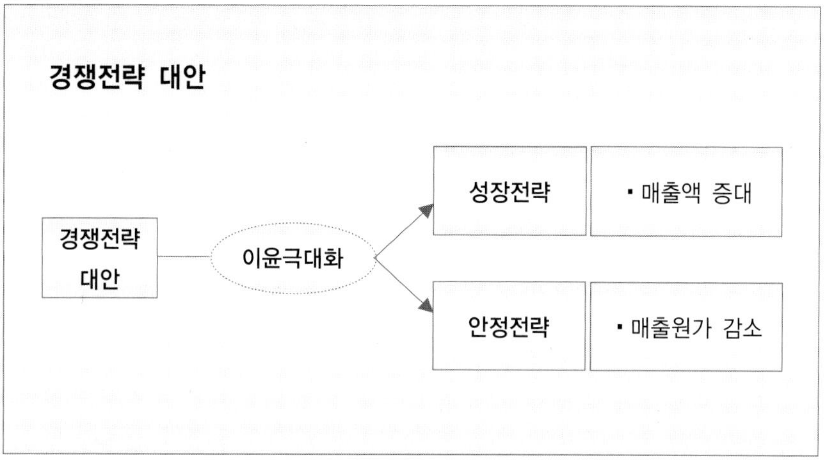

기업이 사업에 성공하기 위해서는 반드시 어떤 경쟁우위를 가지고 어떤 방향으로 사업을 전개할 것인가에 대한 해답을 가지고 있어야 한다. 2부에서 지금까지 설명했던 본원적 전략이 경쟁우위의 선택에 관한 것이라면, 여기에서 설명하는 경쟁전략 대안은 기업이 사업을 전개하는 방향에 관한 것이다. 따라서 경쟁전략의 대안은 기업전략에 관한 것이라고 할 수 있다.

기업이 경영활동을 하는 목적은 궁극적으로 이윤극대화에 있다. 수익(Revenue)과 비용(Cost)의 차액인 이윤을 극대화하기 위해서는 기업이 수익을 높이거나 또는 비용을 줄여야만 한다. 결국 기업이 이윤극대화라는 목적을 달성하려면 수익을 높이기 위해 매출액을 늘리거나 비용을 줄이기 위해 매출원가를 최소화시키기 위한 두 가지 전략적 대안, 즉 성장전략과 안정전략을 고려해야 한다.[1)]

1) 조동성, 「21세기를 위한 전략경영」, 서울경제경영, 1998.

7-2. 성장전략

Ansoff의 성장전략 유형

시장 ＼ 제품	기존제품	신제품
기존시장	기존시장침투전략	신제품개발전략
신시장	신시장개척전략	다각화전략

성장전략(Growth Strategy)이란 기업이 수익 또는 매출의 극대화를 위해 고도의 매출액성장률이나 시장점유율 등의 양적 목표를 설정한 후 기업의 자원을 배분하는 전략을 말한다. 총매출액은 제품단가와 판매수량에 따라 결정되기 때문에 기업이 매출액을 높이고 성장세를 유지하기 위해서는 제품의 품질혁신을 통해 단가를 높이거나 또는 새로운 시장개척 및 용도개발 등을 통해 판매수량을 늘려야 한다.

제품혁신 및 신시장개척 등과 관련하여 Ansoff는 기업의 성장전략을 다음과 같이 네 가지 유형으로 구분하였다.[2]

■ **기존시장침투전략**

기존시장에서 경쟁기업의 시장점유율을 축소시키거나 기존고객의 제품사용 비율을 증대시키는 전략

■ **신제품개발전략**

기존제품을 대체할 신제품을 개발하여 기존시장에서의 시장점유율 확대로 매출액을 증가시키는 전략

2) I. H. Ansoff, *Corporate Strategy,* McGraw-Hill, 1965.

■ **신시장개척전략**

판매지역을 새로 개척하거나 고객층을 다양화함으로써 기존제품의 새로운 수요를 창출하는 전략

■ **다각화전략**

신제품개발과 신시장개척을 동시에 추구하는 전략으로 성장전략 가운데 가장 성장지향적인 전략

그러나 Ansoff의 다각화전략은 기업이 현재사업에서 신제품개발과 신시장개척을 동시에 추구하는 것을 의미하기 때문에 12장에서 설명하는 Rumelt의 다각화와 차이가 있다. 명확한 개념정리를 위해 다각화를 사업 또는 제품계열의 확장 차원에서 관련 및 비관련다각화와 특정산업 내에서의 수직적/수평적 통합까지 포함하는 광의의 개념으로 규정할 필요가 있다. 다각화에 대해서는 12장에서 구체적으로 살펴보기로 한다.

7-3. 내적성장과 외적성장

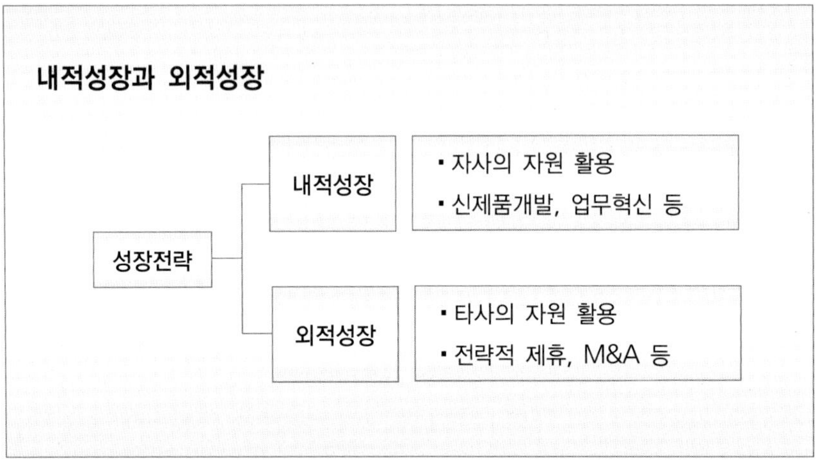

성장전략은 기업이 누구의 경영자원을 활용하는가에 따라 다음과 같이 내적성장과 외적성장으로 구분한다.

▪ 내적성장(Internal Growth)

내적성장이란 기업이 자사보유의 다양한 자원과 내부의 역량을 활용하여 신제품을 개발하거나 업무를 혁신시킴으로써 점진적인 성장을 추구하는 것을 의미한다. 일반적으로 외적성장에 비해 많은 자원과 시간이 소요된다.

▪ 외적성장(External Growth)

외적성장이란 기업이 전략적 제휴나 M&A와 같은 방법으로 다른 기업의 경영자원을 활용하여 급진적인 성장을 추구하는 것을 의미한다. 기업은 외적성장을 통해 자사가 보유하지 않은 경영자원이나 사업을 신속하게 확보함으로써 내부의 역량을 강화할 수 있다.

전형적인 외적성장의 사례로 삼보컴퓨터의 한글과컴퓨터 인수를 들 수 있다. 최근 컴퓨터 제조업체인 삼보컴퓨터는 기업성장을 위해 소프트웨어 전문업체인 한글과컴퓨터를 인수하였다. 삼보컴퓨터는 한글과컴퓨터 인수를 통해 공공부문 PC시장 점유율을 30%까지 확대하고, 2010년부터 디지털교과서사업을 본격화하며, 아울러 교육서비스에 특화된 신제품을 개발할 계획을 가지고 있다. 이처럼 삼보컴퓨터는 M&A 방식에 의한 관련 및 비관련사업다각화를 통해 신제품개발과 신시장개척을 동시에 추진함으로써 기업의 급진적인 성장을 도모할 수 있게 되었다.

따라서 사업다각화, 전략적 제휴, M&A 등과 같은 전략들은 주로 기업성장을 위해 추진되는 성장전략의 범주에 속한다고 할 수 있다. 이와 같은 성장전략들은 최근 기업들의 고수익창출 욕구에 의해 글로벌시장으로 빠르게 확대되고 있다.

7-4. 성장전략과 성과

Revenue Growth/ROS 매트릭스

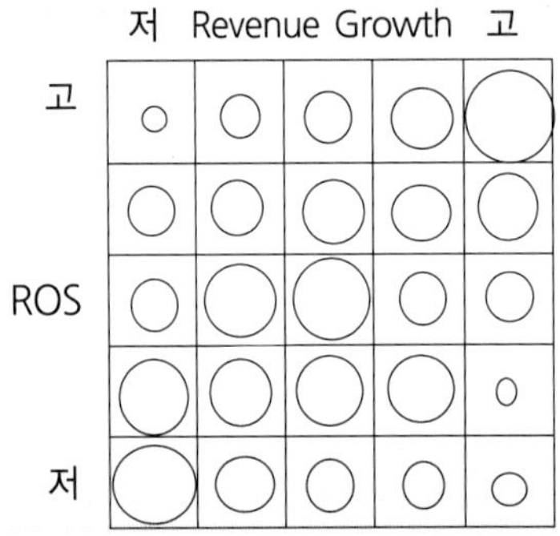

Selected Attributes	% of Winners	% of Losers
성장중심전략	56%	12%
지속일관전략	50%	35%
제품혁신주력	40%	24%
주요성장요인		
신제품	44%	29%
신시장	44%	35%
신산업	0%	10%

주: ROS= Return to Shareholders

자료: 김동철 외, 「경영전략 수립 방법론」, 시그마인사이트컴, 2008.

일반적으로 기업의 매출성장률이 높으면 기업가치도 향상된다. 미국에서 1975년부터 1995년까지 기업의 매출성장률과 가치창출간의 관계를 조사한 결과에 의하면, Microsoft나 Home Depot와 같은 고성장기업들은 대부분 높은 주주가치를 창출한 반면, 저성장기업들은 대부분 낮은 가치를 창출한 것으로 나타났다. 그림에서 원의 크기는 기업수를 의미한다.[3)]

한편 성장전략과 관련하여 흥미로운 것 중 하나는 고성장기업 가운데 신산업에 투자한 기업이 0%인 반면, 저성장기업의 10%가 신산업에 투자했다는 사실이다. 비관련다각화의 성공확률이 높지 않은 것은 그만큼 비관련다각화가 어렵다는 것을 의미한다. 다각화와 성과에 관해서는 12장에서 다시 살펴보기로 한다.

---

3) 김동철 외, 「경영전략 수립 방법론」, 시그마인사이트컴, 2008.

7-5. 성장전략의 3단계

성장전략의 3단계

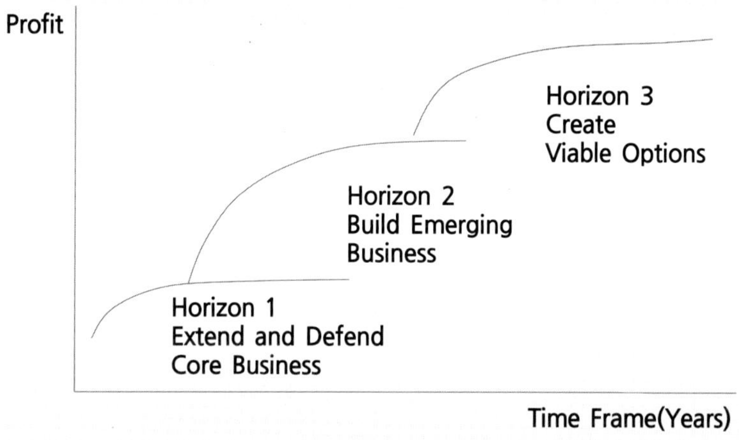

자료: 이승주, 「경영전략 실천 매뉴얼」, Sigma Insight Group, 1999, 재인용

McKinsey의 연구에 의하면, 일반적으로 성공기업들은 성장전략을 다음과 같이 3단계로 구분하여 동시에 추진한다.[4)]

■ 1단계

기존 핵심사업의 경쟁력 강화와 수익성 개선을 통해 미래성장을 위한 수익기반을 강화하는 단계로 사업구조조정, 원가절감, 현금흐름 창출 등이 주요 과제이다.

■ 2단계

신규사업에 대한 과감한 투자를 통해 시장지위를 구축하고 경쟁력을 확보하는 단계이다.

4) 이승주, 「경영전략 실천 매뉴얼」, Sigma Insight Group, 1999, 재인용.

■ 3단계

잠재적으로 유망한 신규사업에 실행 가능한 옵션을 창출한 후 지속적인 탐색을 통해 미래성장의 기반을 구축하는 단계이다.

7-6. Walt Disney의 성장전략

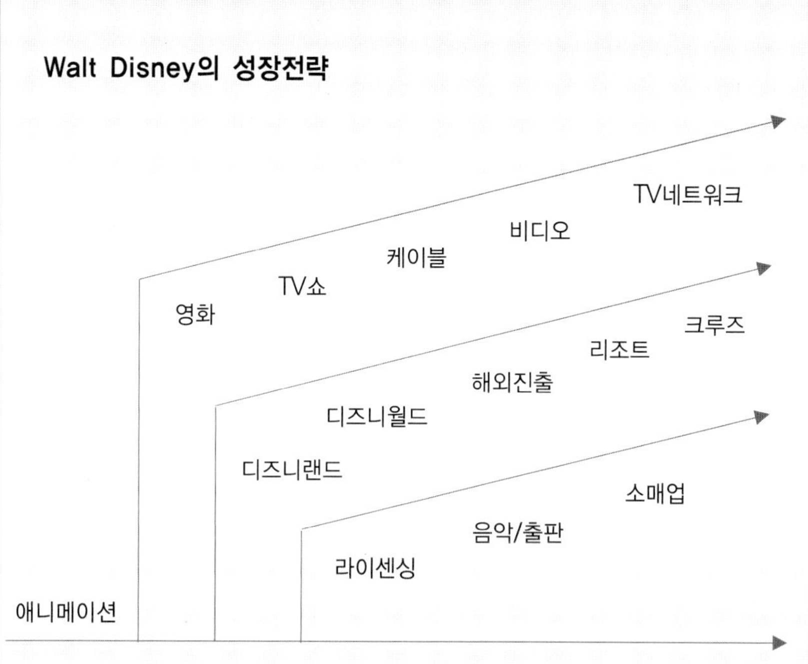

자료: 상게서.

애니메이션에서 출발한 Walt Disney는 '미키마우스'와 같은 캐릭터를 산업화하여 새로운 사업영역을 개척하였을 뿐만 아니라 애니메이션 기술을 핵심역량으로 발전시켜 만화영화, 캐릭터, 비디오, 음반, 테마파크 등을 수직적으로 연결하는 성장전략을 지속적으로 추구하고 있다. 토털마케팅전략이라고 불리는 Walt Disney의 사업영역은 다음과 같다.

■ **캐릭터사업**

각종 캐릭터상품의 라이센싱 및 유통

■ **테마파크사업**

미국 내 Disney Land와 Disney World 외에도 일본, 홍콩, 프랑

비용 가운데 고정비 비율을 낮추는 전략, 즉 기능부문별로 고정비를 변동비로 대체하는 전략이 필요하다.

예를 들면, 생산부문에서 중간재를 자체적으로 생산할 것인가 또는 외부로부터 구매할 것인가의 선택은 안정전략에 따라 의사결정을 할 수 있다. 경기가 호황기일 때는 손익분기점에 해당하는 생산량 또는 매출량 달성이 쉽다. 또 생산량이 일단 손익분기점을 넘어서면 고정비가 지렛대 역할을 하여 이익이 더욱 커진다. 다시 말해, 매출액이 증가할 때 이익의 증가폭이 더욱 확대되는 영업 레버리지 효과(Leverage Effect)에 의해 고정비 수준이 높을수록 이익의 증대 폭이 더 커지기 때문에 기업은 중간재를 자체 생산하는 것이 유리하다. 하지만 경기가 악화되었을 때는 중간재를 아웃소싱을 통해 외부에서 구매하는 것이 유리하다.

기업이 원가절감을 일시적 또는 단속적으로 실행한다면 그 효과를 기대하기 어렵다. 따라서 기업은 기존의 원가체계를 변경하거나 조직과 인사 및 프로세스 차원에서 원가를 근본적으로 절감할 필요가 있다. 이를 위해 기업이 선택할 수 있는 대표적인 안정전략으로 리스트럭처링(Restructuring)이나 아웃소싱(Outsourcing)을 고려할 수 있다.

7-8. Texas Instruments(TI)의 안정전략

TI의 집중화전략

구조조정	→	집중화	→	반도체 선두주자
11개 사업계열 반도체, 디지털이미징, 교육솔루션, 제어부품, 멀티미디어시스템, 방위산업, CMS, 통신, 노트북, 프린터, 소프트웨어		**4개 사업계열** 반도체, 디지털이미징, 교육솔루션, 제어부품		

1930년 석유개발회사로 출발한 TI는 1958년에 세계 최초로 집적회로(IC)를 발명하면서 반도체기업으로 변신하였다. 세계 최초의 휴대용 전자계산기를 발명한 회사로도 유명한 TI는 자신의 막강한 기술력을 바탕으로 11개의 다양한 사업계열을 거느리면서 반도체 업계의 거대한 공룡으로 성장하였다.

그러나 PC시장에서 IBM을 상대로 한 정면공격이 실패하고, 더구나 1990년대에 세계경제가 불황에 빠지면서 성장을 최우선의 목표로 삼았던 TI는 1990년대 말에 11개의 방만한 사업계열을 4개 사업계열로 축소하는 집중화전략을 추진하게 된다. 집중화를 통한 안정전략의 주요 내용은 메모리 반도체와 같이 경쟁력 없는 사업 및 제품들을 버리고 경쟁업체보다 우수하고 부가가치가 높은 비메

모리 사업에 집중한다는 것이었다.

안정전략을 통해 오늘날 TI는 아날로그 기술, 디지털 신호 처리(DSP), 마이크로컨트롤러(MCU) 반도체 전문기업으로 자리를 굳혔으며, 특히 아날로그/디지털 임베디드 애플리케이션 처리용 반도체 솔루션 분야의 선두 주자가 되었다. 결국 TI는 성공적인 안정전략과 집중화를 통해 혁신기업으로의 발전과 함께 높은 수익을 달성할 수 있게 되었다. 2008년 TI는 125억 달러의 수익실적을 달성하였다.

PART Ⅲ

안정전략과 성장전략

▶ 조니워커의 광고캠페인
(http://www.mazcue.com.ar/johnnie-walker-keep-walking-comercial)

글과 생각 3 **지역특산품의 글로벌마케팅**

전 세계 애주가들에게 가장 사랑받는 술을 꼽으라면 단연 '조니워커'일 것이다. 그 이유는 1초에 네 병 이상이 소비되고, 매년 1억2천만 병 이상이 전 세계 200개국으로 수출된다는 기록적인 통계 때문이다. 힘차게 걷는 남자(Striding Man)라는 트레이드마크로도 우리 눈에 익숙한 '조니워커'는 영국 북부지방 스코틀랜드의 특산품인 스카치위스키로 세계에서 가장 유명한 위스키 브랜드 중 하나이다.

'조니워커'가 세계적인 위스키로 성장할 수 있었던 것은 단지 스코틀랜드만이 가지고 있는 계곡물이나 토양, 햇볕과 같은 자연적인 생산조건의 차별성 때문만은 아니었다. 바로 '조니워커'만의 철저한 글로벌마케팅전략이 있었기 때문이다. '조니워커'를 더 많은 해외시장에 수출하기 위해 1997년 '그랜드 메트로폴리탄'과 손을 잡고 '디아지오'를 설립한 '기네스'는 이미 1986년 '조니워커'를 생산하던 '유나이티드 디스틸러즈'를 인수하면서 '조니워커'의 세계화를 위해 마케팅의 귀재라고 불리던 '앤서니 테넌트'회장을 영입하였다.

그는 세계시장을 지역별로 몇 개 그룹으로 나누어 차별적인 마케팅전략을 수립하였는데, 그 전략이 바로 '글로컬라이제이션'이다. 세계화를 추구하는 글로벌라이제이션과 차별적인 현지시장 환경을 중요시하는 로컬라이제이션을 합성한 마케팅전략으로 '조니워커'를 세계적인 위스키로 성장시킨 것이다.

2주 전 미국 출장 중에 한 한인신문에 실린 '전라남도 친환경 농수산물 홍보전'이라는 제목의 광고를 보고 너무 반가워 현지매장에 찾아간 적이 있다. 전라남도 후원으로 지역 중소기업 '한콤E&C'가 주관하는 이번 홍보전은 전남의 유명 특산물인 영광 굴비, 완도 미역, 광양 떡과 김부각, 고흥 김, 그리고 여수의 멸치와 각종 젓갈류 등 그 종류만도 수십 가지에 이르러 전남 출신 교민들뿐만 아니라 많은 한인들의 관심을 끌고 있었다. 한인동포들에게 전남은 푸짐하고 맛있는 음식의 고장으로 잘 알려져 있다. 그래서인지 맛의 고장 전남에서 직송된 순수 우리 농수산물이 미국 현지에서 판매된다는 자체만으로도 화젯거리가 되었다.

사실 현지 한인마켓에 가보면 김치부터 각종 젓갈까지 한국인들이 좋아하는 음식은 거의 다 판매되고 있다. 그러나 김치도, 떡도, 젓갈도, 심지어 청국장까지도 대부분 음식이 미국 현지에서 재배 및 생산된 원료를 사용하거나 아니면 중국 등에서 수입된 재료를 사용하여 가공된 것들이다. 그러다보니 오랜만에 고국에서 날아온 비릿한 냄새가 한인동포들의 미각을 충분히 자극했을 것이다.

이번 홍보전은 몇 개 지역을 더 순회하면서 오는 11월까지 계속될 예정이고, 일단 판매 초기에 의외로 좋은 성과가 있었다고 주최 측으로부터 전해 들었다. 내가 만나본 현지 소비자들의 반응도 좋았다. 하지만 맛과 가격, 유통 등과 관련하여 다양한 의견을 들을 수 있었다. 이번 홍보전이 앞으로도 계속 이어지고 또 좋은 성과를 달성하기 위해서는 역시 마케팅의 기본인 제품, 가격, 유통, 그리고 촉진(홍보)전략을 현지 시장에 맞게 차별화할 필요가 있다.

그러나 지역특산품의 글로벌마케팅을 위해 무엇보다 필요한 것은 기업과 지방자치단체의 도전적이고 진취적인 기업가정신이다. 이번 홍보전은 미국 내 미개척 시장을 향해 첫 발을 내딛었다는 점에서 그 의미가 있다. 90년대 중반부터 "멈추지 말고 나아가라(Keep walking)"라는 캠페인을 통해 보다 더 진취적이고 미래지향적인 글로벌마케팅을 수행하고 있는 '조니워커'도 시장 개척을 위해서는 그 시장에 첫 발을 내딛는 것이 가장 중요하다고 믿고 있다. 몇 년 전 칸느국제광고제 알코올음료부문 황금사자상 수상으로 유명해진 '조니워커'의 TV광고 '피쉬'편에는 단 한 줄의 광고카피만 등장한다. "첫 걸음을 내딛어라(Take the first step)"

자료: 김길성, 전일시론, 전남일보, 2007년 8월 13일.

제 8 장

리스트럭처링

8-1. 리스트럭처링의 개념

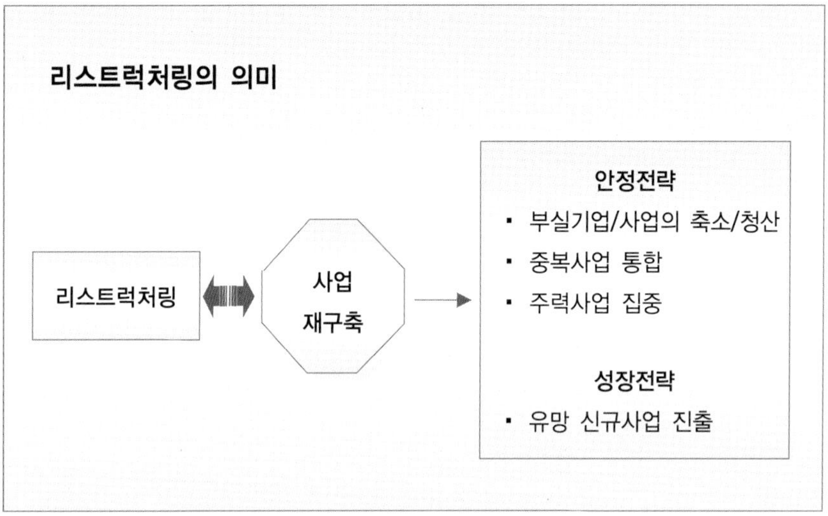

리스트럭처링(Restructuring)은 기업들이 수익성을 높이기 위해 추상적인 기업의 비전을 사업구조 차원에서 구체화시키는 경영혁신기법이다. 기업들은 리스트럭처링을 통해 유망 신규사업에 진출함으로써 기업의 성장을 도모할 수도 있고, 경쟁우위를 갖지 못하는 부실사업을 정리함으로써 기업의 안정을 도모할 수도 있다.

그러나 리스트럭처링은 기업의 성장보다는 안정을 위한 사업재구축의 성격이 더 강한 편이다. 그 이유는 1980년대 이후 전 세계적으로 글로벌기업간의 경쟁이 치열해지자 미국과 유럽의 많은 복합기업들이 수익성이 떨어지는 비관련사업들을 매각하거나 청산하는 현상이 확산되면서, 리스트럭처링이 기업의 비효율성과 저생산성을 탈피하고 비용을 절감함으로써 수익성을 높이고자 하는 구조조정의 의미로 사용되었기 때문이다.

따라서 협의의 리스트럭처링이란 다양한 사업부를 운영하거나 또는 여러 기업을 보유하고 있는 콩글로머릿(Conglomerate), 즉 다각화기업들이 글로벌경쟁의 심화와 같은 경영환경의 악화로 인해 경쟁우위를 상실한 사업부를 축소 또는 철수하거나 중복사업을 통합함으로써 주력사업의 경쟁력을 더욱 강화하고자 하는 사업구조 개혁이라고 정의할 수 있다.

8-2. 리스트럭처링의 특성

리스트럭처링과 다른 전략들과의 관계

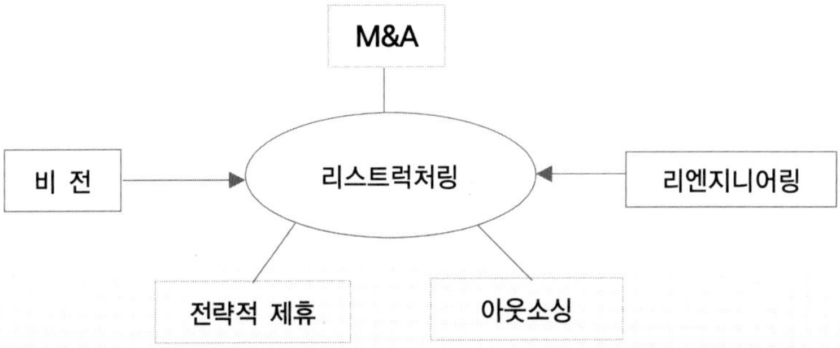

리스트럭처링은 미시적 성격의 비즈니스 프로세스나 공정 개혁이 아니고, 미래 환경변화에 적극 대응하기 위해 기존 부실사업의 철수 및 축소, 주력사업의 결정, 신규사업 참여와 같은 기업 전체 차원의 혁신기법이다. 따라서 리스트럭처링은 기업의 비전 설정과 같이 중장기 기업전략의 상당한 부분을 차지한다고 할 수 있다.

리스트럭처링은 다른 기업전략들과의 관련성이 높은 편이다. 특히 M&A와 관련성이 높은 이유는 경쟁력이 떨어지는 다각화기업들이 M&A를 통해 사업을 매각하는 방식의 리스트럭처링을 수행하는 경우도 있고, 역으로 경쟁력 있는 기업들이 부실기업을 인수한 후 리스트럭처링을 통해 수익을 올리는 경우도 있기 때문이다. 예를 들면, 1980년대 중반 미국에서는 기업들이 LBO(Leveraged Buyout: 부채발행을 통한 적대적 기업인수 방법)와 같은 M&A 기법을 이용해 수익률이 낮은 콩글로머릿을 인수한 후 무능한 경영자를 퇴출시키고 비관련사업을 매각함으로써 기업의 가치를 높이는 리스트럭처링이 성행하였다.

리스트럭처링은 전략적 제휴나 아웃소싱과도 밀접한 관계가 있다. 그 이유는 사업다각화로 비대해진 복합기업들이 주로 아웃소싱을 통해 사업과 기능을 축소하고 부족한 자원은 전략적 제휴 등을 통해 외부자원 및 역량을 통합함으로써 조직의 비효율성을 줄이기 때문이다.

리스트럭처링을 선택한 기업들은 비용절감을 위해 전략적으로 주력사업에 대한 리엔지니어링을 도입할 필요가 있다. 리스트럭처링의 방향이 결정되고 나면 기업이 곧바로 사업부전략 가운데 하나인 리엔지니어링을 통해 비즈니스 프로세스나 공정 등을 혁신시킴으로써 리스트럭처링의 성공가능성을 대폭 높일 수 있기 때문이다.

8-3. 리스트럭처링의 유형

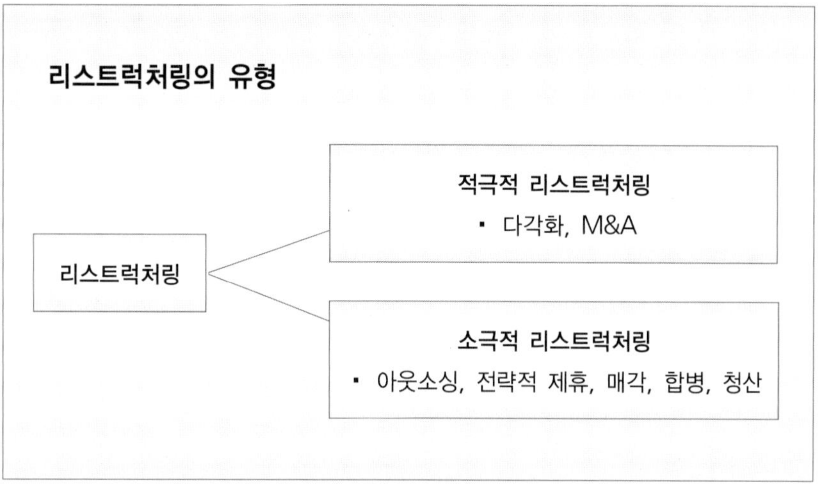

리스트럭처링은 기업이 추진하는 전략의 성격에 따라 다음과 같이 적극적 리스트럭처링과 소극적 리스트럭처링의 두 가지 유형으로 구분할 수 있다.

■ **적극적 리스트럭처링**

적극적 리스트럭처링이란 기업이 환경변화에 적극 대응하기 위해 미래지향적 유망사업으로 다각화하거나 또는 M&A를 이용하여 경쟁력 있는 기업이나 사업부를 인수하는 방식으로서 사업의 구조를 공격적으로 개혁하는 전략을 의미한다.

■ **소극적 리스트럭처링**

소극적 리스트럭처링이란 기업이 주력사업의 경쟁력을 더욱 강화하기 위해 경쟁우위를 상실한 사업들을 축소 또는 철수시키고, 유사 및 중복사업들을 통폐합하며, 이와 동시에 공장폐쇄, 인원감축, 시설합리화 등을 추구하는 방어적 성격의 구조조정을 의미한다. 소극적 리스트럭처링의 구체적 방법은 다음과 같다.

첫째, 경쟁력을 상실한 비관련 또는 비핵심사업을 매각한다.

둘째, 한계사업을 외부조달, 즉 아웃소싱함으로써 불필요한 기능과 인력을 감축시킨다.

셋째, 유사 및 중복사업들을 통폐합한다.

넷째, 유휴생산시설을 축소하거나 경쟁력을 상실한 공장을 폐쇄함으로써 시설의 합리화를 이룬다.

다섯째, 조직의 단순화를 통해 효율성을 높일 수 있도록 조직구조를 개편한다.

8-4. BCG 매트릭스

BCG 매트릭스

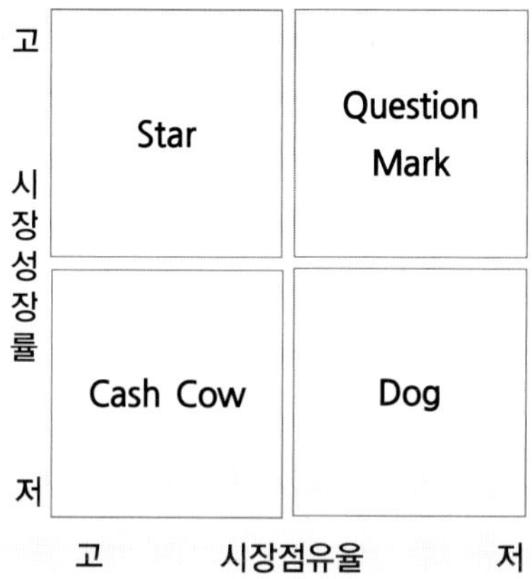

다각화기업이 리스트럭처링을 효과적으로 추진하기 위해서는 먼저 포트폴리오 관리모델들을 이용하여 다각화기업의 사업구조를 분석해야 한다. 포트폴리오 관리모델은 하나의 그림을 통해 기업의 포트폴리오와 각 사업의 전략적 포지셔닝을 간단하게 분석할 수 있을 뿐만 아니라 분석대상을 사업, 제품, 국가, 유통채널 등으로 유연하게 적용할 수 있다는 장점을 가지고 있다.

비록 변수의 결정요인이 단순하고, 사업간의 상호의존성에 의한 시너지효과를 밝혀내지 못한다는 단점도 있지만 포트폴리오 관리모델은 포트폴리오의 객관적 분석을 통해 사업단위간 투자우선순위와 효율적 자원배분의 기준을 제공하기 때문에 다각화기업에게는 필수적인 전략적 분석도구이다. 대표적인 포트폴리오 관리모델에는 BCG 매트릭스, GE/맥킨지 매트릭스, 수명주기 포트폴리오 매트릭스 등이 있다.

먼저 보스턴 컨설팅 그룹(Boston Consulting Group)이 개발한 BCG 매트릭스는 가장 간단하면서도 보편적인 포트폴리오 분석기법이다. BCG 매트릭스에서는 기업의 다양한 사업들을 전략적 사업단위(Strategic Business Unit: SBU)로 간주하는데, 전략적 사업단위란 기업들이 다양한 상품 및 서비스에 대해 각각 독자적인 외부시장과 목적을 가지고 다른 사업들과는 독립된 전략을 추진하는 하나의 사업분야를 의미한다.

BCG 매트릭스는 시장성장률과 시장점유율의 상대적 크기를 기준으로 각 전략적 사업단위 또는 제품의 위치와 매력도를 파악한다. 기업들은 상대적인 시장점유율을 기준으로 수익규모나 경쟁적 지위를 평가할 수 있고, 시장성장률을 기준으로 미래 비용의 크기를 예측할 수 있다. 이처럼 수익과 비용을 측정할 수 있는 두 변수를 이용하여 전략적 사업단위를 다음과 같이 네 가지 유형으로 구분한다.

■ **현금 젖소(Cash Cow)**

비교적 높은 시장점유율로 인해 안정적인 현금흐름을 창출하고 있지만 산업성장률이 낮아 수요가 정체되고 시장의 매력도가 떨어진다. 따라서 성장사업에 자금을 공급하는 역할을 한다.

■ **물음표(Question Mark)**

미래 성장가능성이 있지만 낮은 시장점유율로 인해 수익성이 떨어지기 때문에 성장을 뒷받침할 자금유입이 필요하다.

■ **별(Star)**

높은 시장점유율로 인해 수익성이 높고 성장가능성이 크기 때문에 매력적인 사업에 해당된다. 성장을 지속시키기 위한 자금투자가 필요하지만 높은 수익성으로 인해 현금흐름이 균형을 유지한다.

■ 개(Dog)

기업의 수익성과 시장의 매력도가 떨어지는 한계사업으로 철수 대상이다.

8-5. Share Momentum

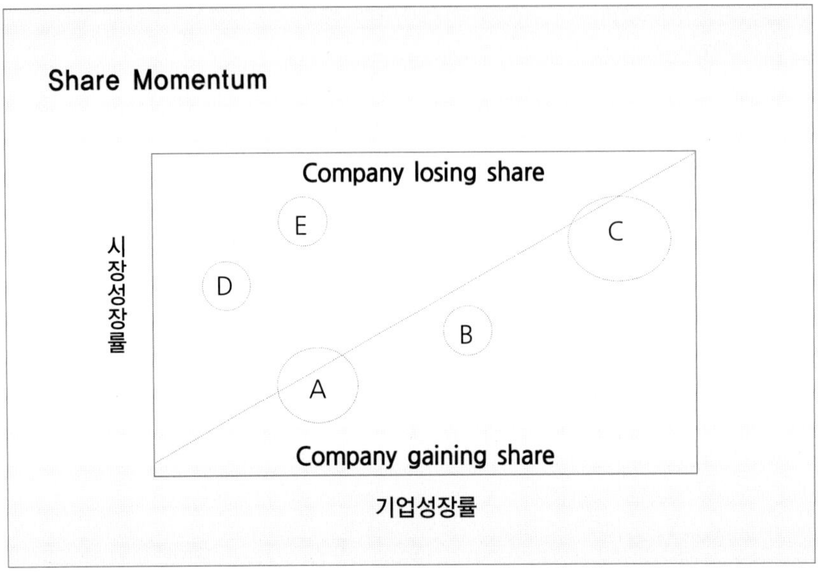

Share Momentum은 포트폴리오의 적합성을 분석하는 도구로서 BCG 매트릭스의 보조적 도구로 함께 사용하면 그 효율성을 더욱 높일 수 있다. 특히 Share Momentum은 최근의 각 사업별 성장에 따른 기업성장률의 추세를 감안한 전략적 판단을 가능하게 준다. 한 가지 주의할 점은 각 SUB들이 현실에서는 사업부간에 공급자와 수요자, 공통의 자원을 공유하는 경우가 많지만 도구의 적용에 있어서는 완전히 별개의 사업으로 가정해야 한다는 점이다.[1)]

한편 그림에서 원은 각 전략적 사업단위 또는 제품을 의미하고, 그 크기는 기업의 매출규모를 나타낸다. 대각선은 시장성장률과 기업성장률이 동일한 축선을 의미하며, 시장성장률은 기업이 경쟁하고 있는 각 시장의 연평균성장률로 표시한다. A, B, C의 경우 기업이 시장의 성장에 따라 시장점유율을 확대한 반면, D와 E는 시장점유율이 상실됨을 알 수 있다.

1) 김동철 외, 「경영전략 수립 방법론」, 시그마인사이트컴, 2008.

8-6. GE/McKinsey 매트릭스

GE/맥킨지 매트릭스

시장매력도 \ 시장 내 경쟁적 지위	고	중	저
고	투자	투자	유지
중	투자	유지	수확
저	유지	수확	철수

GE는 컨설팅기업인 McKinsey와 함께 BCG 매트릭스보다 더 정교한 포트폴리오 관리모델을 개발하였다. GE/McKinsey 매트릭스는 시장 및 산업매력도와 시장에서의 경쟁적 지위라는 두 변수를 고, 중, 저로 구분하여 전략적 사업단위를 평가하는데, 이들 두 변수는 다양한 세부변수들을 포괄하고 있다.

시장매력도는 시장의 규모, 시장의 성장률, 산업수익률, 경기변동에 대한 민감성, 자본집약도, 경쟁강도, 인플레이션 가능성, 기술수준, 정부규제 등의 환경적 기회 및 위협요인들을 포함하여 측정하고, 경쟁적 지위는 시장점유율, 상대적 수익률, 생산성, 가격경쟁력, 시장지식, 기술력, 경영능력 등과 같은 기업의 강점 및 약점요인들을 포괄한다.

GE/McKinsey 매트릭스는 시장의 매력도와 기업의 경쟁적 지위를 고려하여 각 전략적 사업단위의 위치를 파악한 후 자원배분의 우선순위를 다음과 같이 결정한다.

- **높은 시장매력도와 높은 경쟁력**

  기업의 성장을 위해 과감한 투자가 필요하기 때문에 경영자원을 우선적으로 배분한다.

- **낮은 시장매력도와 낮은 경쟁력**

  철수대상으로 자원배분을 중단한다.

- **기타 수준의 시장매력도와 경쟁력**

  선택적 투자와 함께 소득을 관리한다.

8-7. 수명주기 포트폴리오 매트릭스

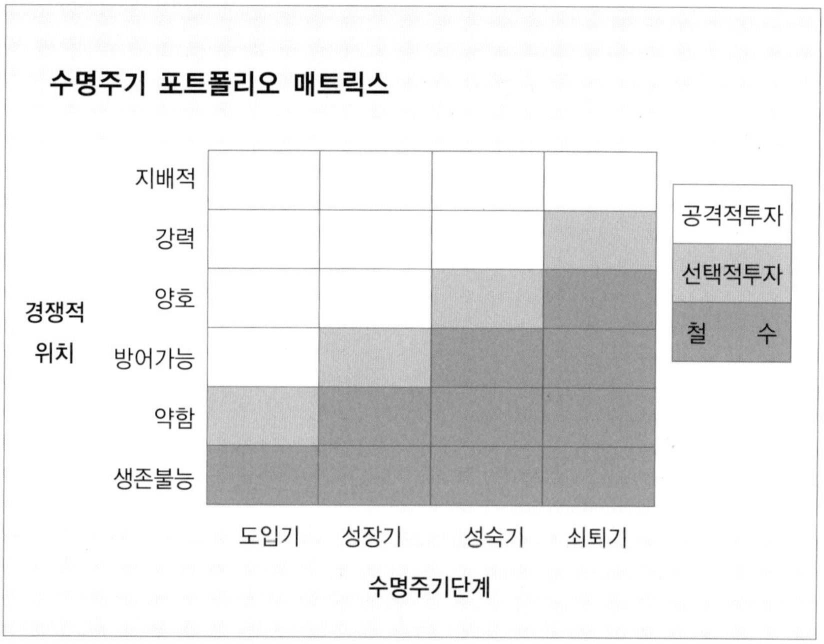

전략자문회사인 Arthur D. Little, Inc.는 기업의 경쟁적 위치와 시장의 성숙도 및 수명주기단계의 두 변수를 이용하여 수명주기 포트폴리오 매트릭스를 개발하였다. 시장의 수명주기는 도입기, 성장기, 성숙기, 쇠퇴기의 네 단계로 구분하며, 기업의 경쟁적 위치는 지배적 위치, 강력한 위치, 양호한 위치, 방어가능 위치, 약한 위치, 생존불능 위치 등 여섯 단계로 구분한다.

수명주기 포트폴리오 매트릭스에서는 두 변수를 기준으로 크게 세 영역으로 구분한 후 각 영역에 적절한 투자전략을 제시한다. 먼저 산업이 수명주기의 전반부에 속하고 기업의 경쟁적 위치가 지배적 위치로 올라갈수록 적극적이고 공격적인 투자전략이 가능하다. 하지만 시장수명주기가 후반부에 속하고 기업의 경쟁적 위치가 생존불능의 위치로 내려갈수록 기업들은 철수전략을 선택하는 것이 좋다.

그리고 중간영역, 즉 시장수명주기가 전반부에 속하고 기업의 경쟁적 위치가 낮거나 또는 시장수명주기가 후반부에 속하고 기업의 경쟁적 위치가 높을 때는 기업이 시장의 상황에 따라 투자를 선택적으로 하는 것이 바람직하다.

8-8. McKinsey 펜타곤

McKinsey 펜타곤

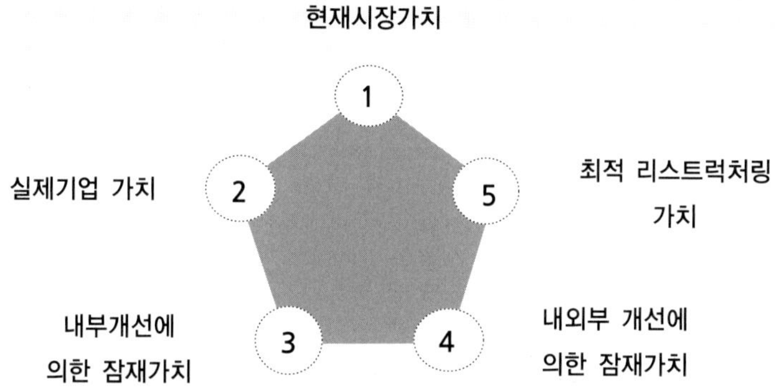

자료: R. M. Grant, *Contemporary Strategy Analysis,* 6th. ed, Blackwell Publishers, 2007.

기업은 McKinsey 펜타곤을 이용하여 다음과 같은 순서로 리스트럭처링에 의해 창출될 수 있는 최적의 기업가치를 미리 추정할 수 있다.[2)]

첫째, 먼저 기업의 현재 시장가치와 실제 기업가치를 비교한 후 차이발생의 원인을 규명한다.

둘째, 만약 실제 기업가치가 현재 시장가치보다 더 낮을 경우, 내부적인 업무개선을 통해 잠재가치를 높일 수 있도록 한다.

셋째, 다음 단계에서는 내부적인 업무개선 외에 사업처분이나 인수 등의 외부적인 개선을 통해 기업의 잠재가치를 높일 수 있다.

2) R. M. Grant, *Contemporary Strategy Analysis,* 6th. ed, Blackwell Publishers, 2007.

마지막으로, 기업은 내부적 업무개선과 외부적 경영개선 외에 기업 전체차원에서의 사업구조조정을 통해 최적의 리스트럭처링 가치를 창출할 수 있다.

8-9. GE의 사업구조조정

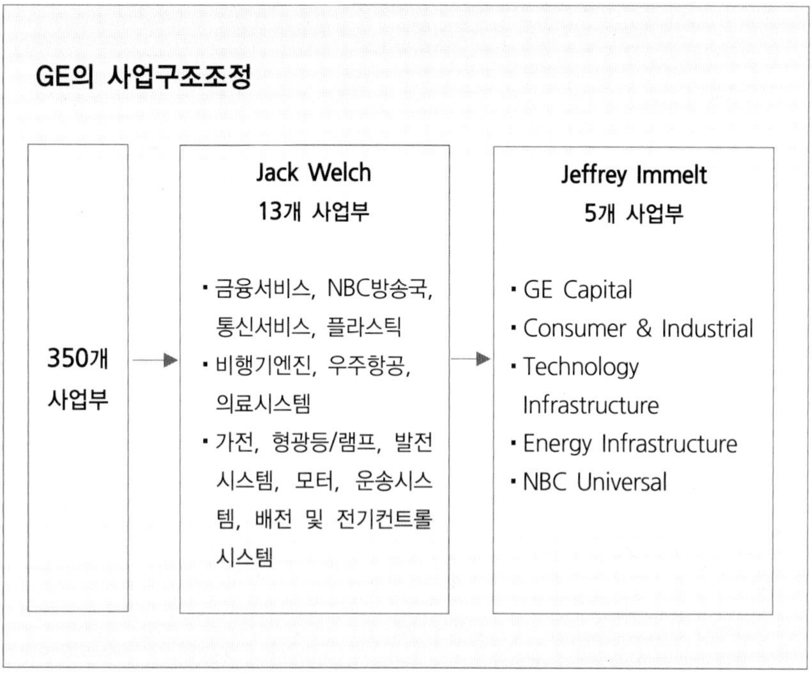

GE는 1981년 Jack Welch 회장이 취임한 이후 대대적인 사업구조조정을 통해 세계 최고의 글로벌기업으로 성장하였다. 1981년 당시 약 350개의 사업부를 거느린 GE는 미국의 대표적인 콩글로머릿이었다. 하지만 1980년대 이후 글로벌경쟁의 심화와 경기침체가 지속되면서 Jack Welch는 방만하게 운영되는 사업들 가운데 전 세계적으로 시장점유율이 1위나 2위를 차지하지 못한 사업부들을 과감하게 정리하기 시작하였다. 구조조정과 동시에 Jack Welch는 기업의 경쟁력을 더욱 강화시키기 위해 미래 유망사업들도 인수하였다.

결국 대폭적인 리스트럭처링을 통해 GE의 방만한 사업 분야는 13개의 사업부로 정리되었다. 사업포트폴리오를 정리한 후 Jack Welch는 조직구조의 간소화와 함께 인원을 감축하고 인센티브 및 워크아웃 타운미팅 제도 등을 도입함으로써 기업내부의 생산성을 대폭 끌어올릴 수 있었다.

워크아웃 타운미팅이란 Jack Welch가 수십 명의 직원들과 함께 2-3일씩 일상 업무에서 멀리 떨어진 곳에 모여 아이디어와 정보를 공유했던 모임을 말한다. Jack Welch는 사업을 대폭적으로 구조조정한 후 남은 사업들의 경쟁력을 더욱 강화하기 위해 워크아웃 타운미팅과 같은 제도를 도입함으로써 기업의 조직을 비관료적이고 장벽이 없는 열린 조직으로 개혁할 수 있었다.

2001년 Jack Welch의 후임으로 GE 회장에 취임한 Jeffrey Immelt는 사업의 수익성 제고를 위해 취임 당시 13개였던 사업부를 5개 사업부문으로 축소하는 구조조정을 단행하였다. 그는 시장점유율보다 이익을 중시하는 경영을 강조하였는데, Jack Welch 회장의 마지막 결산년도인 2000년과 2004년의 실적을 비교해 보면, 매출액이 17.2%, 순이익은 32.1% 더 증가하였다. 결국, GE는 대를 이은 리스트럭처링을 통해 주력사업의 경쟁력을 더욱 강화시키면서 기업의 경영성과를 높일 수 있었다.

제 9 장

아웃소싱

9-1. 아웃소싱의 개념

아웃소싱의 범위

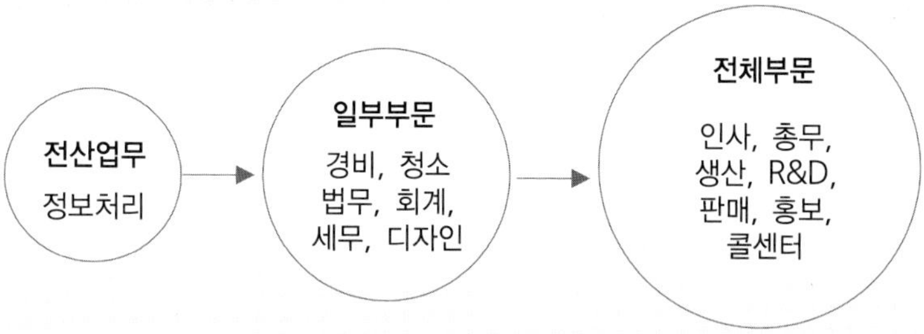

외부의 전문 전산업체가 고객정보 처리와 관련된 업무의 일부 또는 전부를 장기간 운영 및 관리하는 것으로부터 출발한 아웃소싱(Outsourcing)은 지금도 여전히 IT부문의 비중이 크지만 그 범위가 모든 기능으로 확대되어 있다. 따라서 아웃소싱이란 기업이 경영효율성을 극대화하기 위해 비즈니스 프로세스 자체 또는 일부 주변 기능이나 프로젝트를 외부의 전문업체에게 위탁하여 처리하는 외부조달을 의미한다.

글로벌경쟁의 심화와 기술진부화의 급속한 진행으로 제한된 자원을 가진 기업들이 모든 사업부문과 기능에서 경쟁력을 유지하기란 어렵다. 따라서 아웃소싱은 기업이 경쟁력을 가지고 있는 핵심부문에 자원을 집중시키고, 기타 비핵심부문은 외부의 전문업체를 통해 조달받음으로써 기업의 비용절감과 수익성 극대화를 달성하기 위한 안정전략이라고 할 수 있다. 대표적인 안정전략인 아웃소싱은 다음과 같은 특징을 가지고 있다

첫째, 업무의 전문성과 효율성 제고를 위해 핵심부문에 기업의

자원을 집중한다.

둘째, 비용절감과 위험분산을 위해 모든 기능을 아웃소싱 대상에 포함시킨다. 과거에는 경비와 같은 단순 업무나 회계와 같은 전문 업무가 아웃소싱 대상이었지만 최근에는 IT를 포함해 R&D와 같은 주요기능까지 그 범위가 무제한적으로 확대되고 있다.

셋째, 아웃소싱은 단기적이고 임시적인 컨설팅이나 하청과 달리 기획 및 설계부터 운영까지 전 과정을 포함하기 때문에 외부조달 업체와의 장기적이고 동반자적인 네트워크 구축이 필수적이다.

9-2. 아웃소싱의 목적

아웃소싱의 목적

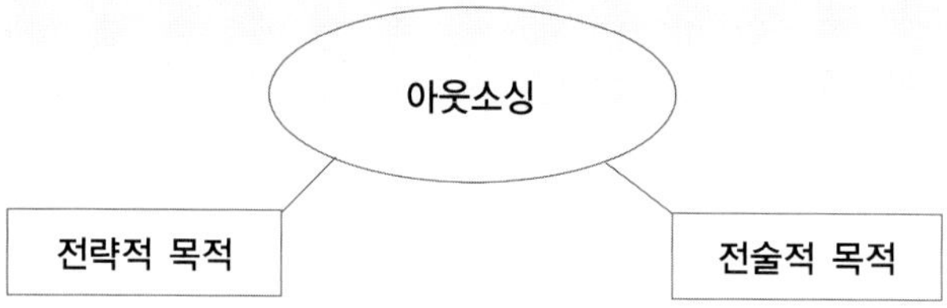

전략적 목적	전술적 목적
▪ 핵심사업 대한 집중(2)	▪ 운영비용의 삭감 및 통제(1)
▪ 세계적 수준의 역량 획득(3)	▪ 내부적으로 획득 불가능 자원의 존재(5)
▪ 내부자원의 효율적 활용(4)	▪ 관리 및 통제가 어려운 기능의 존재(7)
▪ 리엔지니어링 효과의 강화(6)	▪ 자본의 활용도 향상(8)
▪ 위험의 감소(9)	▪ 현금의 확보(10)

자료: http://www.outsourcing.com, ( )안의 숫자는 순위

아웃소싱의 목적은 크게 전략적 목적과 전술적 목적으로 구분할 수 있다. 그림에 의하면 아웃소싱의 가장 중요한 목적은 전술적 목적의 비용절감인 것으로 나타나고 있다. 따라서 아웃소싱이 비용절감을 위한 대표적인 안정전략이라는 것을 알 수 있다.

그러나 많은 기업들이 핵심사업에 집중하고 핵심역량을 획득하기 위한 전략적 목적을 위해 아웃소싱을 활용한다. 단순히 비용절감을 목적으로 아웃소싱을 하는 기업들도 있겠지만, 궁극적으로는 비용절감을 통해 세계적인 수준의 핵심역량을 창출하고 유지하면서 기업의 자원을 핵심사업에 집중하고자 하는 전략적 목적의 달성이 아웃소싱의 주요 목적이라고 할 수 있다.

이와 같이 기업들은 아웃소싱을 통해 신규 유망사업이나 시장에 신속하게 접근할 수 있는 핵심역량을 확보할 수 있게 된다. 뿐만 아니라 기술의 변화가 심하고 고객욕구가 복잡한 경영환경 속에서 기업들은 아웃소싱을 통해 체질적 유연성을 강화할 수 있다. 예를 들면, 신발과 같이 유행의 변화속도가 빠르거나 컴퓨터와 같이 기술진부화가 빠르고 부품이 복잡한 제품들은 유연성의 확보가 무엇보다 중요하다. 그래서 Nike나 IBM은 일찍부터 아웃소싱을 통해 기업의 유연성을 강화하고 핵심역량을 가진 기능이나 활동에 집중적인 투자를 하고 있는 것이다.

아웃소싱은 다른 전략수단이나 기법의 효과를 높이는데도 중요한 역할을 한다. 특히 기업이 M&A나 비즈니스 프로세스 리엔지니어링과 같은 혁신기법들을 선택할 때 아웃소싱을 함께 시도함으로써 기업의 유연한 전략적 대응을 가능하게 해준다.

9-3. 아웃소싱의 유형

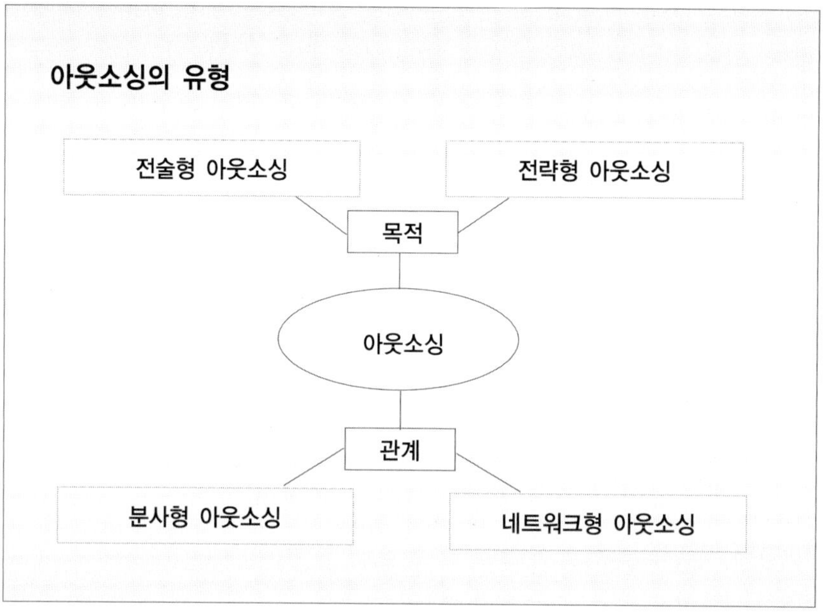

아웃소싱은 그 목적 등을 기준으로 다음과 같이 네 가지 유형으로 구분할 수 있다.

■ **전술형 아웃소싱**

전술형 아웃소싱이란 기업들이 인건비 등의 비용절감을 통해 내부운영의 효율성을 제고하기 위해 단순 및 비핵심업무를 외부로부터 조달받거나 또는 확보가 불가능한 자원이나 관리가 어려운 기능을 보완하기 위해 아웃소싱하는 형태를 말한다. 과거 (주)태평양이 비용절감을 위해 핵심역량이 없는 사내 IT시스템 부문을 구조조정한 후 한국IBM으로부터 아웃소싱한 사례가 전형적인 전술형 아웃소싱이다.

■ **전략형 아웃소싱**

전략형 아웃소싱이란 기업이 제한된 자원을 핵심기능에 집중하거나 또는 외부의 뛰어난 기능을 활용함으로써 기업의 핵심역량을 강화하는 동시에 핵심사업의 경쟁력을 높일 목적으로 비핵심기능을 아웃소싱하는 형태를 말한다. 대표적인 사례로 HUMAX가 핵심역량이 있는 디지털 셋톱박스의 연구개발에만 집중하기 위해 생산부문을 국내 생산업체에 아웃소싱한 사례나 LG전자가 IMF 외환위기 때 수익이 낮은 디지털카메라와 비디오테이프 사업을 매각한 사례를 들 수 있다.

■ **분사형(Spin-off) 아웃소싱**

기업의 조직을 슬림화하거나 또 다른 이익센터를 창출할 목적으로 전문성과 경쟁력을 확보하고 있지만 기업 내에서의 상대적 중요도 및 종속성이 낮은 기능이나 사업을 별도의 회사로 분사시킨 후 이들로부터 아웃소싱하는 형태를 말하며, 대표적인 사례로 1990년대 말 대규모 분사화를 추진했던 삼성코닝의 경우를 들 수 있다.

■ **네트워크형 아웃소싱**

Nike와 같이 핵심기능이나 활동을 제외한 모든 부문을 외부의 전문업체로부터 아웃소싱하는 형태로 단기적이고 임시적인 하청이나 외주 등과 달리 공급업체와 장기적인 수평적 네트워크를 형성하거나 가상기업을 설립함으로써 양 주체가 서로의 경영자원을 상호 보완적으로 공유하는 아웃소싱을 의미한다.

9-4. 아웃소싱의 문제점

아웃소싱의 문제점

아웃소싱은 기업이 비용의 절감과 함께 외부의 전문적 노하우와 기술 등을 활용하고 핵심사업에 집중할 수 있다는 장점을 가지고 있지만 다음과 같은 문제점도 안고 있다.

■ **핵심역량의 상실**

비용절감을 목적으로 기업의 핵심사업이나 미래 핵심사업으로 발전가능성이 있는 분야까지 외부로부터 조달받음으로써 기업의 핵심기능이나 기술을 상실할 수도 있다.

■ **아웃소싱 공급업체에 대한 통제력 상실**

공급업체와 장기적이고 긴밀한 수평적 네트워크가 아니고 일방적인 의존관계가 형성되는 경우, 공급업체에 대한 통제력 상실로 인해 가격교섭력이 떨어지거나 품질불량과 납기지연 등으로 인한 비용 상승이 발생할 수도 있다.

■ 비즈니스 프로세스의 기능간 상호협력관계의 붕괴

기업이 제품을 생산하는 일련의 과정인 비즈니스 프로세스는 일반적으로 개별기능간에 상호협력관계가 형성된다. 예를 들면, 마케팅활동을 통해 조사된 고객의 니즈는 제품디자인에 반영되고, 또 디자인에 따라 적절한 가격과 품질을 갖춘 제품의 생산이 이루어지는 것과 같다. 따라서 일련의 프로세스 중 일부 기능을 외부에서 조달하는 경우, 기능간 상호협력관계의 붕괴로 기업이 고객의 욕구를 제대로 충족시키지 못하는 부작용이 발생할 수도 있다.

■ 구성원의 불안감 증대

기업의 모든 기능을 대상으로 너무 적극적인 아웃소싱을 추구하다 보면 구성원들의 고용에 대한 불안감이 확대되면서 노사간의 불화가 발생할 수도 있고, 또 업무에 대한 의욕 상실로 인해 기업의 수익이 감소할 수도 있다.

9-5. Nike의 아웃소싱

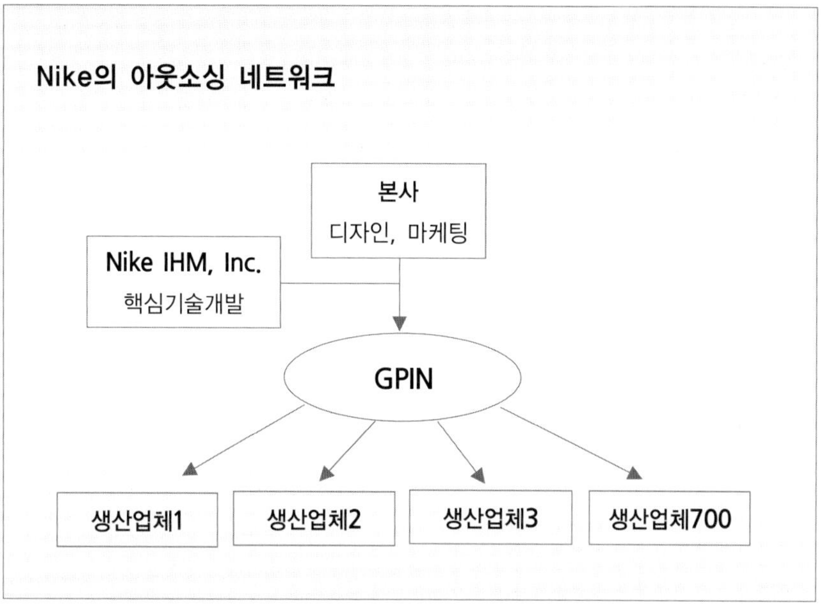

초우량기업으로 성장한 Nike의 성공에는 아웃소싱이라는 경영전략이 있다. 일반적으로 운동화를 비롯한 스포츠 관련제품들은 수명주기가 짧기 때문에 기업들이 유행의 변화에 신속하게 대응할 수 있는 유연성을 확보하거나 더나가 고객의 니즈를 리드할 수 있는 핵심기능을 강화하기 위해 아웃소싱을 전략적으로 활용할 필요가 있다.

운동화, 스포츠의류, 스포츠장비를 취급하는 Nike는 사업의 핵심기능인 제품의 디자인과 마케팅은 본사가 직접 담당하고 에어졸(Airsol)과 같은 핵심기술은 자회사인 Nike IHM, Inc.가 담당하고 있다. 반면 생산부문은 전 세계 운동화 생산업체들과 아웃소싱 네트워크를 구축한 후 전적으로 이들에게 의존하고 있다. 2009년 현재 Nike의 생산파트너는 무려 52개국에 700개나 된다. 이와 같이 Nike는 아웃소싱을 통해 핵심역량을 강화하고 핵심기술의 누출을 방지할 수 있을 뿐만 아니라 고품질의 운동화를 저렴한 가격으로 조달받음으로써 비용절감 효과까지 누릴 수 있는 것이다.

Nike가 아웃소싱을 효과적으로 수행할 수 있는 가장 큰 성공요인은 바로 국제적으로 분업화된 생산네트워크를 효율적으로 구축하고 관리할 수 있는 능력 때문이다. Nike는 운동화 생산업체에 본사감독관을 파견하여 철저한 품질관리를 하고 있을 뿐만 아니라 전 세계에 분산된 생산파트너들의 효율적 관리를 위해 GPIN(Global Production Information Network)과 같은 정보인프라를 구축하여 공급업체와 장기적이고 안정적인 네트워크를 구축하고 있다.

GPIN은 전 세계 Nike 직원들이 제품의 최신 디자인부터 판매실적과 같은 재무정보까지 인터넷을 이용해 공유할 수 있도록 만든 정보시스템이다. 특히 콘텐츠를 업무가 아닌 제품중심으로 구축함으로써 직원들의 활용도를 높이고 있다.

9-6. 다운사이징

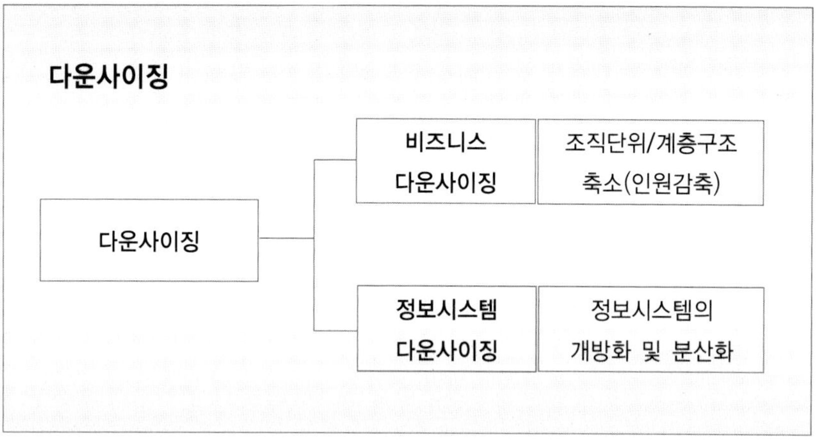

다운사이징(Downsizing)은 비용절감이라는 측면에서 아웃소싱과 유사한 전략적 기법이라고 할 수 있다. 아웃소싱이 자본운영 측면에서 비용을 절감하기 위한 안정전략이라면 다운사이징은 노동측면에서 비용을 절감하기 위한 기업 생존전략이라고 할 수 있다. IBM 왓슨연구소 직원인 Henry Downsizing의 이름에서 유래된 다운사이징은 기업의 효율성을 향상시키기 위해 조직을 야위게 만드는 기법을 말한다.

다운사이징은 다음과 같이 두 가지 유형으로 구분된다.

- **비즈니스 다운사이징**

비즈니스 다운사이징이란 비대해진 조직의 비생산적인 부서나 지점을 제거함으로써 간접비용을 줄이고, 관료화된 계층구조를 축소함으로써 조직의 유연성을 강화시키기 위한 슬림화를 의미한다.

- **정보시스템 다운사이징**

정보시스템 다운사이징이란 대형컴퓨터를 통한 정보시스템의 중앙집권화와 폐쇄화를 탈피함으로써 정보시스템을 현장에서 PC를 다루는 최종사용자 중심으로 개방하고, 시스템의 보수유지와 보안 등만 중앙에서 처리하는 슬림화를 말한다.

다운사이징은 슬림화를 통해 간접비용의 절감, 조직의 효율성 증대, 신속한 의사결정, 의사소통의 활성화 등 여러 가지 장점도 가지고 있지만 기업의 사회적 책임 결여, 인원감축에 따른 종업원의 불안감 증대 및 애사심 결여, 자발적 퇴직제도의 시행에 의한 우수인력의 이직 등 부정적인 측면도 만만치 않다.

제 10 장

전략적 제휴

10-1. 전략적 제휴의 개념

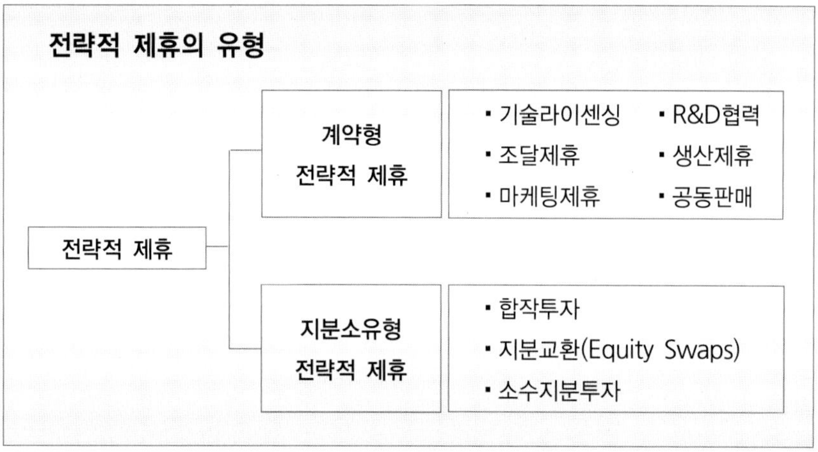

전략적 제휴(Strategic Alliance)란 경쟁관계 또는 상호 무관한 두 개 이상의 기업들이 특정사업 또는 기능별 활동부문에서 상호간의 경쟁우위를 활용하기 위해 일정 기간동안 지속적인 협력관계를 맺는 것으로 안정보다는 성장지향적 성격이 강한 기업전략이라고 할 수 있다.

전략적 제휴는 제휴의 대상과 방식에 따라 다음과 같이 크게 계약형과 지분형의 두 가지 형태로 구분할 수 있다.

■ 계약형 제휴

계약에 의한 전략적 제휴에는 협력관계를 맺은 기업들간의 공동연구개발, 기술라이센싱, 공동마케팅, 공동판매, 장기조달계약, 산업표준의 확립 등 다양한 형태가 있다.

■ 지분소유형 제휴

지분협정에 의한 전략적 제휴로는 자회사 형태의 합작투자법인 설립, 상호간 주식보유를 통한 지분교환, 그리고 기존사업에 소수의 지분을 투자하는 지분참여 등이 있다.

10-2. 전략적 제휴의 동기

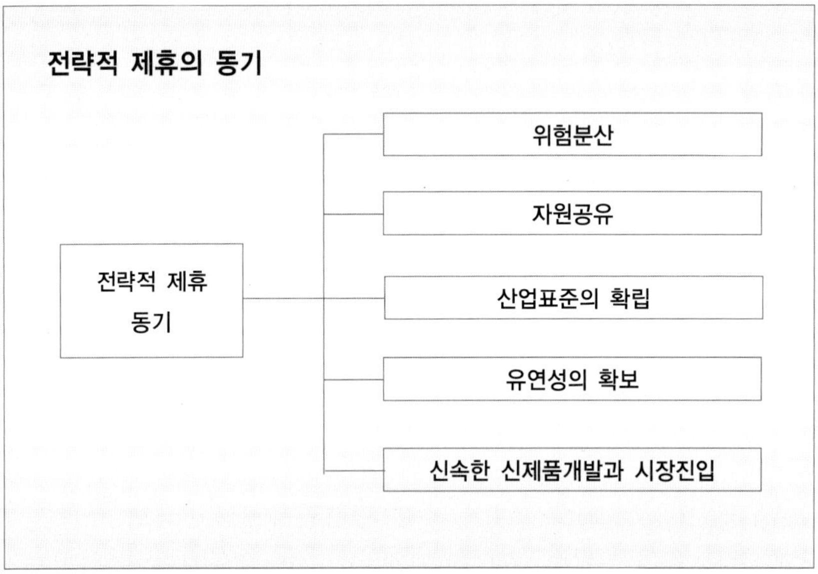

기업들은 다음과 같이 다양한 목적을 가지고 전략적 제휴를 추진한다.[3]

■ 위험분산

불확실한 글로벌경영 환경 속에서 기업들이 각각 경영활동을 하게 되면 위험부담은 커질 수밖에 없다. 이 때 다른 기업과의 제휴를 통해 기업들은 신제품개발이나 또는 새로운 시장진입에 따른 위험을 분산시킬 수 있다.

■ 자원공유

모든 시장에서 항상 유리한 경쟁을 할 만큼 충분한 경영자원이나 능력을 가진 기업은 존재하지 않는다. 따라서 기업들은 전략적으로 중요한 시장에 진입하거나 신제품을 개발할 때 제휴를 통해

3) J. Bleek and D. Ernst, *Collaborating to Compete,* John Wiley & Sons, 1993.

자신이 보유하지 못한 기술 또는 추가적 비용 등을 효율적으로 보완하고 공유할 수 있다.

■ **산업표준의 확립**

최근 많은 기업들이 새로운 산업표준을 확립하기 위해 전략적 제휴를 시도하고 있다. 특히 기술개발이 빠르고 산업표준이 중요한 비중을 차지하는 산업에서 전략적 제휴는 매우 중요한 역할을 한다.

■ **유연성의 확보**

기업들은 전략적 제휴를 통하여 기존의 사양산업을 효율적으로 운영할 수 있다. 예를 들면, 사양산업에서 다른 기업과의 합작투자를 통해 공장 및 설비의 활용도를 높이거나 또는 경쟁이 치열하고 성숙기에 접어든 사업에서 완전한 철수보다는 합작투자와 같은 제휴를 맺음으로써 미래의 사업전망에 따라 옵션을 행사할 수 있는 것과 동일한 효과의 유연성을 확보할 수 있다.

■ **신속한 신제품개발과 시장진입**

속도경영은 기업의 경쟁력을 좌우하는 중요한 요소이다. 그래서 많은 기업들이 속도경영을 위해 전략적 제휴를 선택하기도 한다. 특히, 전략적 제휴를 통해 기업들은 신제품의 개발속도를 단축시킬 수 있을 뿐만 아니라, 특정시장 진입 시 시장이나 고객에 대한 정보 부족과 문화적 차별 등에 의한 진입지체를 해소함으로써 신속하게 시장에 진입할 수 있다.

10-3. 전략적 제휴의 특성

전략적 제휴의 특성

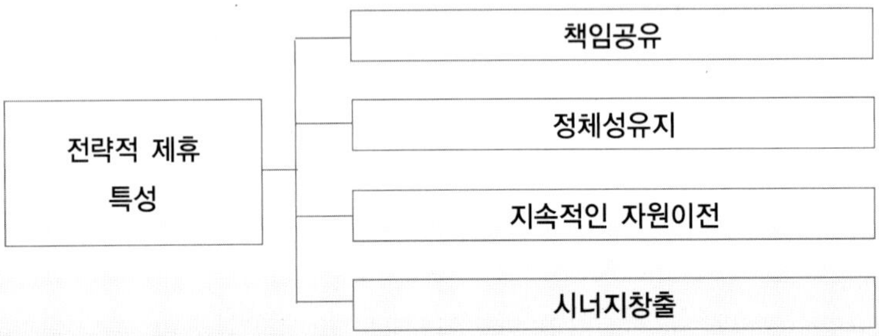

경쟁업체와의 협력관계라는 모순적 성격 때문에 전략적 제휴는 과거에 기업들이 쉽게 생각할 수 없었던 경영전략이었다. 하지만 1990년대 이후 글로벌경쟁이 더욱더 치열해지고 고객니즈가 복잡해지면서 기업들이 유연성과 민첩성을 향상시키기 위해 전략적 제휴를 비롯한 네트워크나 가상기업과 같은 협력전략을 수행하지 않을 수 없게 되었다. 경쟁과 협력이라는 모순적 의미를 모두 포함하고 있는 전략적 제휴는 다음과 같은 특성을 가지고 있다.

■ 책임공유

경쟁기업간의 제휴일지라도 제휴부분에 대해서는 성과뿐만 아니라 위험도 공유해야 한다. 특히 성공적인 제휴를 위해서는 제휴사업의 관리에 대한 책임공유가 이루어져야한다.

■ 정체성유지

전략적 제휴는 제휴파트너들이 각각의 독립성을 유지한 채, 일부 사업 또는 기능별로 협력관계를 맺게 된다. 따라서 기업들은 각각의 정체성을 그대로 유지하면서 제휴에 동참한다는 특성을 가지고 있다.

■ **지속적인 자원이전**

전략적 제휴에 참여하는 기업들은 제휴사업을 종료할 때까지 필요한 기술, 자금, 인력 등 기업자원을 상호 지속적으로 투입하게 된다. 따라서 기업들은 제휴사업에 투입될 자원의 유형과 규모, 사용처 등을 사전에 합의하게 된다.

■ **시너지창출**

전략적 제휴는 제휴기업간의 자원공유와 역량보완을 통해 보다 더 큰 시너지를 창출함으로써 고객과 주주가치를 높이는데 전략적 의의가 있다. 따라서 시너지창출은 전략적 제휴의 중요한 특성이자 목적이라고 할 수 있다.

10-4. 전략적 제휴의 실패

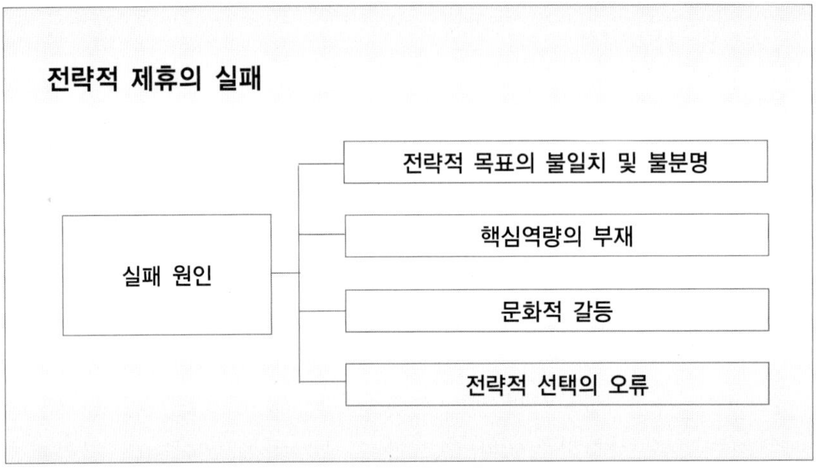

전략적 제휴가 글로벌경쟁환경 하의 불확실성에 대응할 수 있는 전략적 대안으로 각광받고 있지만, 기업이 제휴를 계획하고 실행하는 과정에서 전략적 목표의 불일치 또는 기업간 문화적 차이로 인한 갈등심화 등의 이유로 실패하는 경우도 많다. 전략적 제휴가 실패하게 되는 원인들은 다음과 같다.

■ 전략적 목표의 불일치 및 불분명

전략적 제휴가 파트너간의 전략적 목표가 상이하거나 또는 공통의 목표가 있다고 할지라도 구체적이지 못하고 불분명한 경우에는 실패 가능성이 커진다. 따라서 제휴 전에 구체적인 목표를 설정한 후 양측의 전략적 목표와 일치하는지 유의할 필요가 있다.

■ 핵심역량의 부재

파트너 상호간에 공헌할 수 있는 핵심역량이 과장되었거나 없는 경우 또는 자신의 이익만을 생각하여 핵심역량 공유에 소극적인 경우 제휴의 실패확률은 커진다. 따라서 전략적 제휴를 체결하기 전에 미리 상대방이 자신의 약점을 보완해줄 수 있는 핵심역량을 보유하고 있는지 또 양측이 각각 보유하고 있는 핵심역량을 기꺼이 제공할 의사가 있는지 확인할 필요가 있다.

■ **문화적 갈등**

제휴기업간의 문화적 차이로 구성원들이 조화를 이루지 못하고 상호간의 갈등이 심화되는 경우 제휴의 성공확률은 낮아진다. 따라서 제휴파트너간의 기업문화와 의사결정시스템 등이 상호 융화될 수 있는지 미리 점검할 필요가 있다.

■ **전략적 선택의 오류**

기업이 전략적 제휴보다는 다른 방식의 경영전략을 선택하는 것이 더 유리한 상황에서 제휴를 잘못 선택할 경우 실패확률은 더욱 커진다. 예를 들면, 제휴기업들이 동일한 지역에서 상호 높은 시장점유율을 가지고 경쟁하는 경우 양측은 제휴와 경쟁에 따른 갈등을 겪을 수밖에 없다. 따라서 제휴기업들이 기존에 경쟁하던 지역시장이 많이 중복되는 경우라면 제휴보다는 M&A가 더 효과적인 전략이라고 할 수 있다.[4)]

---

4) *Ibid*.

10-5. 전략적 제휴의 성공조건

성공적 제휴의 조건

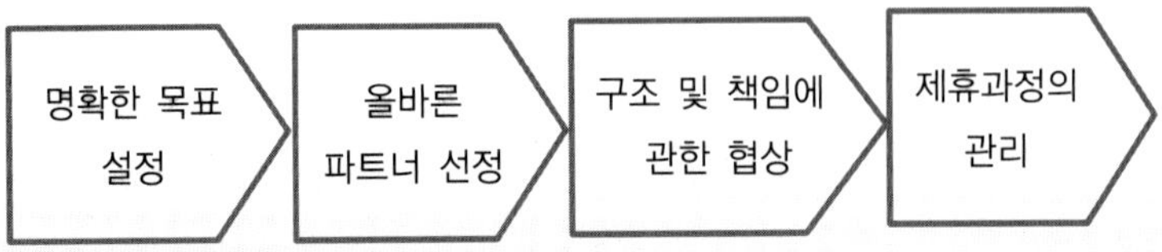

전략적 제휴의 성공을 위해서는 다음과 같이 제휴의 시작부터 마지막까지의 활동들을 명확하게 해둘 필요가 있다.[5)]

■ 명확한 목표 설정

전략을 실행하기 전에 전략적 제휴의 목적을 명확하게 설정하고 다른 전략적 대안들과의 장·단점을 비교분석한 후 전략적 제휴를 통한 가치창출의 가능성을 평가한다.

■ 올바른 파트너 선정

제휴파트너를 선정할 때는 당사자간의 전략적 목표의 양립성, 경영자원의 보완성, 그리고 조직문화의 융화가능성을 고려한다.

■ 구조 및 책임에 관한 협상

협상단계에서는 사업의 범위(제품, 지역, 자산 등), 법률적 형태, 의사결정구조, 파트너의 공헌 및 책임관계를 명확하게 한다.

■ 제휴과정의 관리

상호신뢰에 입각하여 상호학습이 이루어질 수 있도록 하며, 제휴의 만료에 대비한 합리적인 대안을 미리 합의할 필요가 있다.

---

5) 이승주, 「경영전략 실천 매뉴얼」, Sigma Insight Group, 1999.

10-6. 제휴파트너 선정 시 유의점

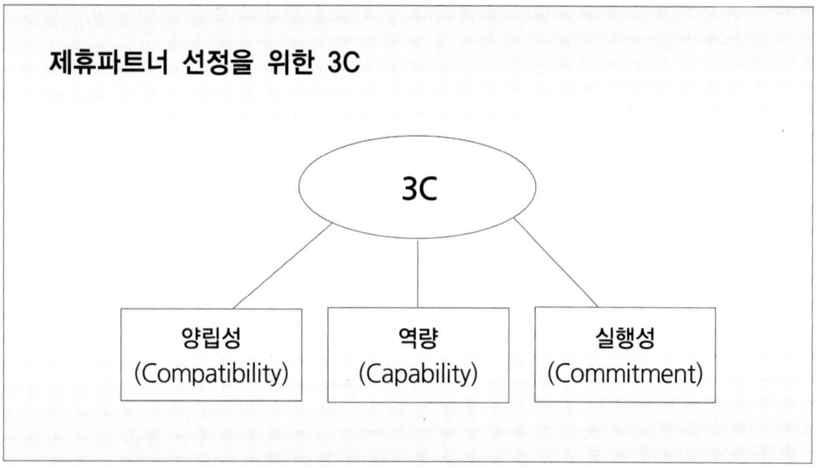

전략적 제휴의 성공을 위해 필요한 많은 조건들 가운데 가장 중요한 것은 역시 올바른 제휴파트너의 선정일 것이다. 그 이유는 전략적 제휴가 혼자가 아닌 경쟁기업 등과 같은 다른 파트너와 함께 추진하는 기업전략이기 때문이다.

Cauley de la Sierra는 파트너를 선정하는 데 가장 중요한 기준으로 다음과 같이 3C(The Three Cs)를 강조하였다.[6)]

- **양립성(Compatibility)**

파트너의 양립성은 기업전략, 기업문화, 경영관리시스템 측면에서 고려되어야 한다. 어느 것 하나라도 양측이 융화를 이루지 못한다면 상호불신과 함께 갈등의 소지가 커질 수밖에 없다.

- **역량(Capability)**

제휴기업들이 전략적 제휴를 통해 자신의 약점을 보완할 수 있

6) M. Cauley de la Sierra, *Managing Global Alliance: Key Steps for Successful Collaboration,* Addison Wesley, 1995.

도록 제휴에 참여하는 파트너들은 사업에 필요한 경영자원과 핵심 역량을 상호 보유하고 있어야 한다.

■ **실행성(Commitment)**

제휴파트너가 전략적 제휴를 성공적으로 추진하기 위해서는 자신의 역량을 아낌없이 투입하는 실행성과 함께 최선을 다해 노력하는 책임감이 있어야 한다.

10-7. 가상기업

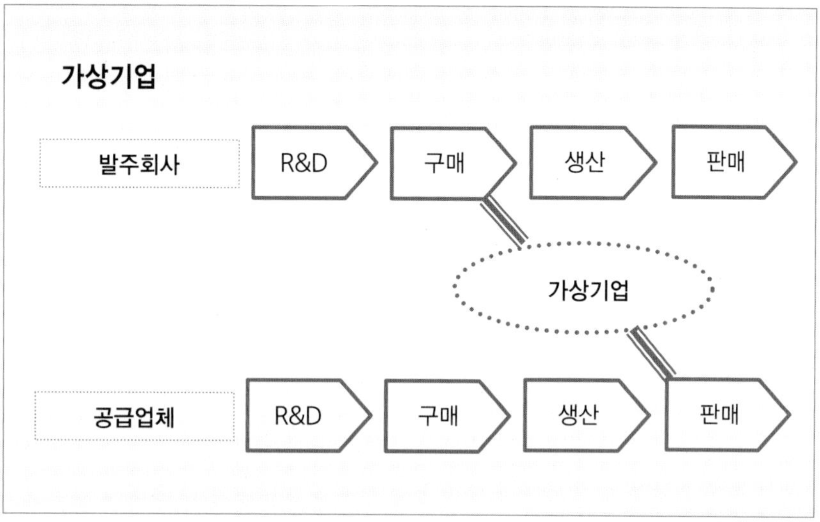

오늘날 특정기업이 비즈니스 프로세스상의 모든 가치활동에서 완벽한 경쟁력을 갖춘다는 것은 거의 불가능하다. 그 이유는 기술혁신의 가속화, 제품수명주기의 단축, 글로벌경쟁의 심화와 같은 급격한 경영환경의 변화 때문이다. 바로 이와 같은 경영환경의 변화에 기업들이 효과적으로 대응하기 위해 활용하고 있는 조직형태가 바로 가상기업(Virtual Corporation)이다.

가상기업의 개념은 기업의 규모가 커지면 환경변화에 신속하게 대응하기 어렵고, 반면 기업규모가 작으면 자원과 역량부족으로 인해 새로운 사업을 효과적으로 추진하기 어렵다는 한계의 인식으로부터 출발한다. 따라서 가상기업이란 기업이 정보기술을 바탕으로 환경변화에 신속하게 대응할 수 있는 유연성을 갖추고, 이과 함께 외부의 핵심역량 활용을 극대화함으로써 새로운 사업을 효과적으로 추진할 수 있는 네트워크형 기업형태라고 정의할 수 있다.

이와 같은 가상기업은 협력업체, 경쟁업체, 고객들과의 정보교환 등 상호 자원교류를 통해 네트워크가 더욱 긴밀해진다. 예를 들면, 자동차회사의 구매부서와 부품공급업체의 영업부서는 한 회사의 입장에서 보면 동일업무를 중복수행하고 있다. 이 때 공급업체의 영업사원이 자동차회사에 상주하면서 자재수급계획을 수립하고 주문 등의 활동을 하게 된다면, 이런 경우도 하나의 가상기업으로 간주할 수 있다. 최근 가상기업의 개념은 특히 경쟁기업과의 전략적 제휴에서 활발하게 도입되고 있다.

그러나 긴밀한 네트워크형의 가상기업은 자칫 기업의 기술과 기밀이 누설될 위험성이 크다. 따라서 가상기업을 전략적으로 활용할 때는 신뢰성 있는 파트너의 선정이 무엇보다 중요하다. Apple이 SONY와 전략적 제휴를 맺고 가상기업의 개념을 도입해 노트북 생산에 성공한 것처럼, 기업들이 가상기업을 성공적으로 활용하기 위해서는 신뢰성이 높고 최상의 핵심역량을 제공할 수 있는 파트너를 선정하는 데에 노력을 기울일 필요가 있다.

10-8. Apple과 Nike의 전략적 제휴

Nike$^+$ iPod

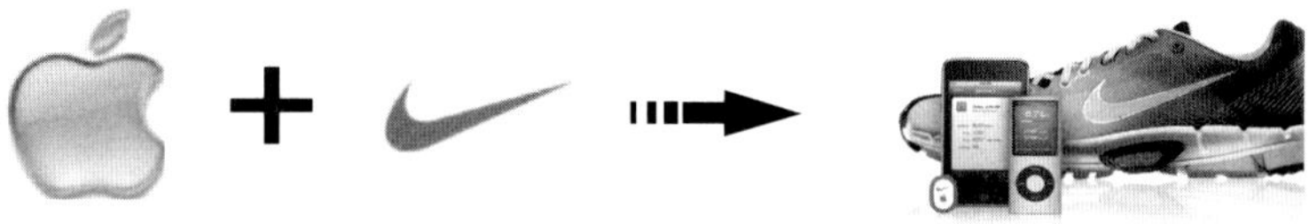

Apple은 성공적인 혁신을 통해 고수익을 올리고 있는 대표적인 혁신기업 중 하나이다. 50명의 인원으로 8개월 만에 iPod을 개발함으로써 혁신기업의 진면모를 보여주었던 Apple은 그 후에도 정기적으로 신모델을 시장에 출시하고 있을 뿐만 아니라, 최근에는 Nile와 전략적 제휴를 맺고 Nike$^+$ iPod Sport Kit이라는 새로운 제품을 출시하면서 혁신의 속도를 늦추지 않고 있다.

디지털기업 Apple과 스포츠기업 Nike는 전혀 관련성이 없어 보인다. 하지만 두 기업은 고객의 숨은 니즈를 충족시키기 위해 전략적 제휴라는 혁신기법을 통해 새로운 시장을 개척하였고 또 공동으로 마케팅 활동을 수행하고 있다.

소비자들은 이들의 전략적 제휴 덕분에 보다 더 편리한 체험을 할 수 있게 되었다. 센서가 장착된 Nike 운동화를 신고 달리는 동안 음악도 들을 수 있고, 자신의 페이스, 시간, 거리, 소비된 칼로리에 관한 정보를 iPod Nano에서 확인할 수 있다. 운동을 마친 후 iPod Nano를 컴퓨터에 연결하면 자신의 운동정보가 자동으로 Nike$^+$ 홈페이지에 보내지고, 여기에서 다시 운동량의 확인과 함께 운동목표 수립 등 다양한 프로그램을 활용할 수가 있다.

Apple과 Nike의 전략적 제휴가 성공할 수 있었던 것은 무엇보다도 두 기업이 각각의 독특한 핵심역량을 보유하고 있을 뿐만 아니라 공동의 목표를 향해 상호 적극적인 마케팅기능을 수행하는 등 제휴파트너 선정의 3C를 제대로 충족시켰기 때문이라고 평가할 수 있다.

제 11 장

M&A

11-1. M&A의 개념

M&A의 의미

- M&A
  - 인수 (Acquisition): ▪ 한 기업이 다른 기업의 자산이나 주식을 취득함으로써 경영권을 획득하는 것
  - 합병 (Merger): ▪ 두 개 이상의 기업이 하나로 통합되어 단일기업이 되는 것

M&A(Merger & Acquisition: 인수합병)란 합병(Merger)과 인수(Acquisition)가 결합된 용어로 기업간의 인수합병을 의미한다. 전략적 제휴와 같이, 기업이 내적성장의 한계를 극복하고 단기간에 기업성장을 도모하기 위해 다른 기업의 자원과 능력을 활용하는 기업차원의 적극적인 성장전략이라고 할 수 있다.

인수는 크게 주식인수와 자산인수의 두 가지 방법이 있다. 주식인수는 주식 자체만 인수의 대상이고 채권자들의 동의를 구할 필요가 없기 때문에 시간과 비용을 절감할 수 있다. 반면에 자산인수는 양측이 계약을 통해 주식이 아닌 유형자산과 영업권을 양수 양도하는 방식이다.

합병은 신설합병과 흡수합병으로 구분한다. 신설합병은 기존의 기업들은 소멸하고 새로운 기업이 설립되는 형태이고, 흡수합병은 기존의 한 기업이 다른 기업을 흡수하는 형태이다.

따라서 M&A란 기업이 외적성장을 목적으로 다른 기업 자산의 일부 또는 전부를 취득하거나 아니면 주주로부터 주식을 취득함으로써 경영권을 획득하여 통합된 하나의 단일기업이 되는 과정과 결과를 의미한다.

11-2. M&A의 장 · 단점

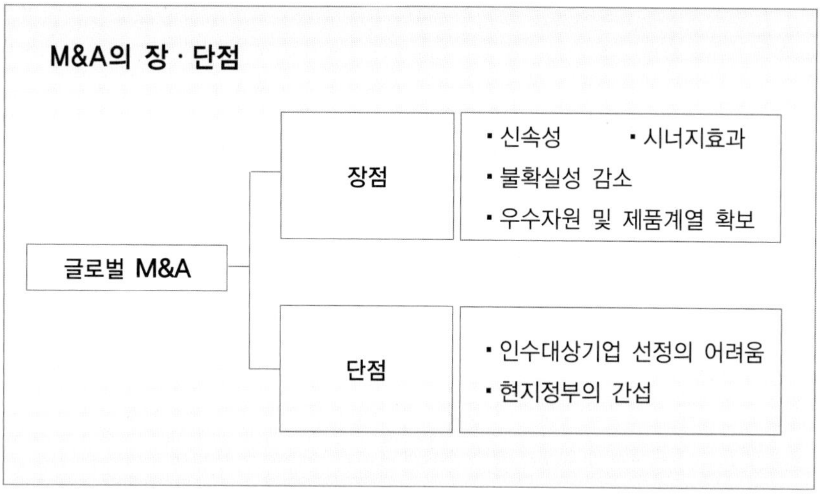

글로벌기업들은 M&A를 성장전략의 일환으로 적절히 활용한다. Fortune Global 500 기업들을 대상으로 M&A 활용률을 조사한 결과에 의하면, 지난 10년 동안(1998-2007) 글로벌 초우량기업의 지위를 유지하고 있는 기업들의 M&A 활용률이 58%인 반면, 최근 10년 사이에 탈락한 기업들의 M&A 활용률은 27%로 나타났다.[7] 글로벌 초우량기업들이 M&A를 전략적으로 활용하는 이유는 M&A가 다음과 같은 장점을 가지고 있기 때문이다.

■ **신속성**

기업이 국제화과정에서 조직적 능력에 한계가 있거나 또는 신속한 현지진출이 필요한 경우 M&A를 이용하여 기업의 글로벌전략 및 다각화전략을 신속하게 추진할 수 있다.

■ **시너지효과**

보완적 자산의 활용과 범위의 경제를 통해 시너지효과를 극대

7) 서영우 외, 「M&A와 PMI」, 시그마인사이트컴, 2008.

화함으로써 동일산업 내의 글로벌경쟁에서 경쟁우위를 확보할 수 있다.

■ **불확실성 감소**

기업이 자회사신설의 형태로 진출하는 경우 직면할 수 있는 문제점을 상당 부분 보완해줌으로써 현지시장 환경과 경영성과에 대한 불확실성을 감소할 수 있다.

■ **우수자원 및 제품계열 확보**

현지기업의 기존 제품계열과 유통구조의 획득을 통해 현지시장에 신속히 침투할 수 있을 뿐만 아니라 기존의 인력, 기술, 경영관리 노하우, 그리고 새로운 제품계열도 확보할 수 있다.[8)]

그러나 M&A전략의 많은 장점에도 불구하고 기업이 국제적으로 M&A를 추진하는데 다음과 같은 어려움이 있다.

■ **인수대상기업 선정의 어려움**

기업이 글로벌전략을 추진하기 위해 적합한 인수대상기업을 선정하는 것은 쉬운 일이 아니다. 자칫 평가를 잘못하여 부실기업을 인수하는 경우 기존시설이나 설비 등을 현대화하는데 막대한 신규투자가 요구될 수 있다. 뿐만 아니라 기업간의 인수경쟁이 치열할 경우 제품수준이나 마케팅능력 등이 수준 이하인 기업을 높은 프리미엄을 지불하고 인수할 수도 있다

■ **현지정부의 간섭**

주요 전략산업을 인수하는 경우 현지정부의 간섭을 받을 가능성이 크다. 일반적으로 선진국들은 자국의 전략산업에 대한 외국기

---

8) F. R. Root, *Entry Strategies for International Markets,* Lexington Books, 1987.

업들의 M&A에 대해 보호장치를 갖추고 있다. 예를 들면, 2005년 중국해양총공사(CNOOC)가 미국의 석유회사 UNOCAL을 인수하려다 실패했던 것처럼, 미국이나 일본은 자국의 안보와 주요 전략산업의 기술유출 방지를 위해 외국기업의 M&A 계획을 사전에 철저히 심사한 후 이를 거부할 수 있도록 제도화하고 있다.

11-3. M&A의 유형

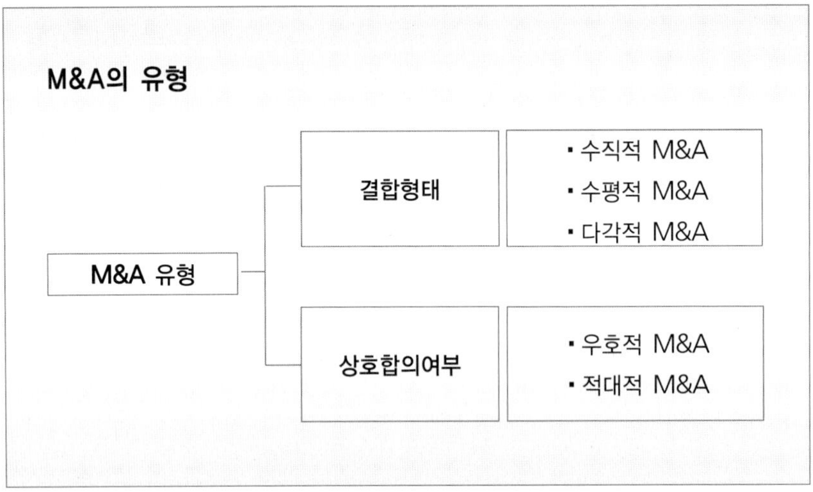

M&A의 유형은 다양한 기준에 따라 다양하게 구분할 수 있다. 먼저 결합형태에 따라 다음과 같이 구분한다.

■ **수직적(Vertical) M&A**

수직적 M&A는 동일산업이지만 생산단계가 서로 다른 기업간에 이루어지는 결합형태로 전방통합(Forward Integration)과 후방통합(Backward Integration)으로 다시 구분할 수 있다. 전방통합은 피인수기업이 수요자일 때 제품의 안정적인 판매를 목적으로 이루어지고, 후방통합은 피인수기업이 공급자일 때 생산에 필요한 원자재의 안정적 공급을 위해 이루어진다.

■ **수평적(Horizontal) M&A**

수평적 M&A는 동일산업 내에서 동일한 제품을 가지고 영업활동을 하는 기업간의 결합형태를 말한다. 인수기업이 시장점유율 확대를 통한 규모의 경제 달성과 시장지배력 강화 등을 목적으로 M&A를 추진한다.

■ 다각적(Conglomerate) M&A

다각적 M&A는 인수기업이 현재의 사업과 무관한 분야로 진출하여 결합을 시도하는 형태를 의미한다. 기업이 자신의 핵심역량을 활용하여 범위의 경제를 달성하거나 또는 위험분산을 목적으로 추진하는 다각화전략의 주요 수단으로 활용된다.

그리고 인수대상기업의 동의여부에 따라 다음과 같이 분류할 수도 있다.

■ 우호적 M&A

인수대상기업의 경영진이 인수기업의 주식매수에 동의하거나, 자산인수처럼 양측간의 계약과 합의를 통해 이루어지는 M&A방식을 말한다.

■ 적대적 M&A

인수기업이 인수대상기업 경영진의 동의 없이 강압적인 수단을 이용하여 기업을 인수하는 방식으로 주식을 장외에서 불특정 다수의 주주로부터 직접 매수하여 경영권을 약탈하는 '공개매수(Tender Offer)'와 주주로부터 의결권을 위임받아 주주총회에서 투표를 통해 경영권을 확보하는 '위임장 대결(Proxy Fight)'이 있다. 우리나라는 외국기업의 적대적 M&A를 허용하고 있다.

11-4. M&A의 실패원인

M&A의 함정

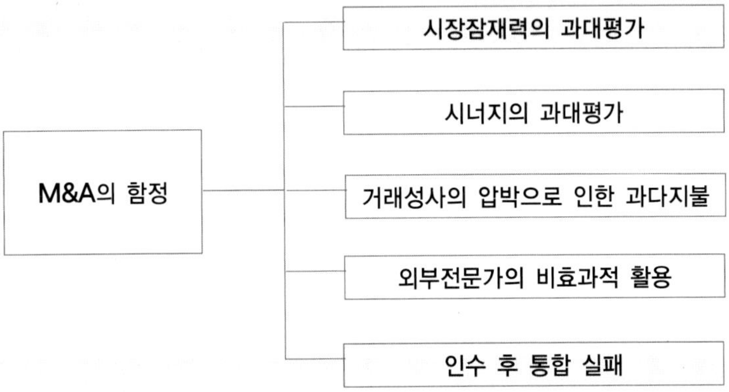

자료: T. Copeland, T. Koller, and J. Murrin, Valuation, John Wiley & Sons, 1994.

국내외 많은 기업들이 전략적인 목적으로 M&A를 추진하지만 항상 좋은 결과만을 얻는 것은 아니다. 기업들이 M&A에 실패하는 원인을 다음과 같이 살펴볼 수 있다.

■ **시장잠재력에 대한 과대평가**

인수대상기업의 시장잠재력을 지나치게 낙관적으로 평가하여 높은 프리미엄을 지불하고 인수하는 경우 실패의 가능성이 커진다. 대표적인 사례로 1994년 해태의 인켈 M&A를 들 수 있다. 해태는 인켈의 시장잠재력을 과대평가하여 30%의 프리미엄을 지급하였으나 통합기업으로부터 프리미엄 이상의 새로운 가치를 창출하지 못하고 결국 실패로 끝났다.

■ **시너지효과의 과대평가**

많은 기업들이 시너지효과를 기대하고 M&A를 추진하지만 그

효과를 과대평가하여 높은 프리미엄을 지불함으로써 오히려 역효과가 발생하는 경우도 있다. 2000년 미국의 인터넷 서비스업체 AOL은 오프라인 콘텐츠 그룹인 Time Warner를 1천815억 달러가 넘는 비용을 지불하고 인수하였다. 이 사례는 온라인과 오프라인 그룹간의 결합으로 세기의 이목을 집중시켰지만 시너지효과는커녕 오히려 주가의 대폭락을 초래한 실패사례로 꼽힌다.

▪ 거래성사의 압박으로 인한 과다지불

거래를 반드시 성사시켜야 한다는 심리적 압박으로 인해 인수대상기업을 가치 이상의 높은 프리미엄을 지불하고 인수하는 경우이다. 1993년 미국의 소프트웨어업체 Novell은 조급하게 Word Perfect의 인수를 추진하면서 인수비용으로 14억 달러나 지불하였다. 하지만 주가하락으로 2억 달러에 Correl에 재매각하면서 12억 달러의 손해를 감수할 수밖에 없었다.

▪ 외부전문가의 비효과적 활용

M&A의 복잡한 과정 때문에 기업들이 M&A의 진행을 외부전문가에게 의존하는 경우가 적지 않다. 하지만 기업이 M&A에 대한 전문지식의 부족으로 인해 외부의 전문가들에게 지나치게 의존하거나 또는 다양한 전문가들을 효과적으로 활용하지 못해 실패하는 경우도 많다.

▪ 인수 후 통합 실패

1998년 독일 Daimler Benz의 미국 Chrysler 인수는 인수 후 많은 후유증으로 통합에 실패한 대표적인 사례이다. 특히 서열을 중시하는 독일의 기업문화와 성과를 중시하는 미국의 기업문화가 충돌하면서 직원해고, 실적악화, 주가폭락, 소송 등 많은 후유증을 앓았던 Daimler Benz는 결국 400억 달러에 인수한 Chrysler를 60억 달러에 다시 매각할 수밖에 없었다.

11-5. M&A의 절차

M&A의 절차

M&A의 절차가 정형화되어 있는 것은 아니지만 기존기업을 신속히 인수하기 위해 단계적인 절차를 밟아 추진하는 것이 효과적이라고 할 수 있다. M&A의 절차는 다음과 같이 다섯 단계로 구분할 수 있다.

■ **M&A전략 수립**

- 전담팀 구성 및 업무추진계획 수립
- M&A의 명확한 목적 설정: 시너지창출 목적의 전략적 M&A와 자본적 이익 목적의 재무적 M&A
- 인수대상기업의 특성 결정
- 여타 전략적 대안들과의 비교분석

■ **목표기업 선정**

- 인수후보기업들에 대한 평가시스템 구축
- 포괄적이고 명확한 선정기준 마련: 선정기준은 M&A 동기와 관련하여 경영전략 실행의 용이성, 기업가치, 주식취득의 용이성 등을 토대로 결정함
- 체계적인 분석방법을 이용하여 후보기업에 대한 매력도 평가

■ 대상기업 평가

- 인수대상기업 선정 후 인수가격 책정을 위한 기업가치 평가단계: 기업가치란 일반적으로 주식의 평가가치를 의미하며, 자산이나 영업을 인수하는 경우에는 자산 및 부채 등의 평가가치를 의미한다.
- 현금흐름 예상 및 투자수익률 설정
- 다양한 시나리오별 민감성분석(Sensitivity Analysis): 인수결과의 예상을 낙관, 비관, 중간으로 구분한 후, 여기에 사업위험도를 감안한 확률을 적용하여 기대수익이 허용수준인 경우 M&A를 추진하는 기법
- 조직문화의 양립성 및 경영진의 능력 평가
- 인수대상기업의 현재가치와 미래가치 평가 후 프리미엄 결정

■ 인수조건 협상

- 인수대상기업의 사업내용 및 재무상태 등의 구체적 파악
- 인수 후 성장계획 및 합리적 가격 제시
- 현실적인 지급방법 협의

■ 인수 후 통합(Post Merger Integration: PMI)

- 인수계약 체결 후 시너지 극대화를 통해 기업가치를 창출하기 위한 핵심단계
- 통합추진위원회 구성
- 명확한 통합목표의 제시로 구성원간의 불안감 해소
- 통합조직의 융화와 가치창출을 위한 과정통합(경영관리, 운영과정 등), 유형적 통합(제품, 부동산 등), 사회문화적 통합(경영진 이동, 조직구조의 변화 등)
- 통합성과의 지표 설정 및 정기적 평가

11-6. 인수 후 통합(PMI)

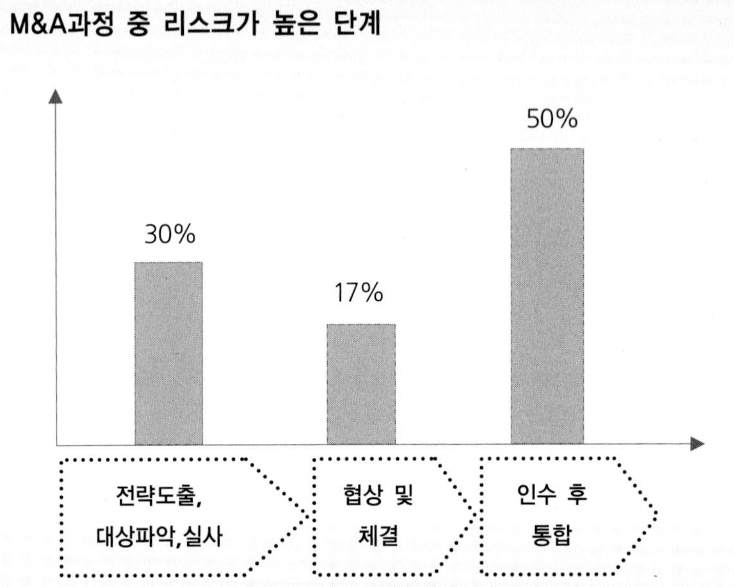

자료: 서영우 외, 「M&A와 PMI」, Sigma Insight Group, 2008.

Daimler Benz의 Chrysler 인수 실패사례와 같이 인수 후 통합에 실패하는 기업들이 의외로 많다. 그 이유는 인수 후 통합이 M&A 과정 중 가장 리스크가 큰 단계이기 때문이다.

1999년 M&A를 경험한 기업의 CEO를 대상으로 한 AT Kearney의 설문조사 결과를 보면, 리스크가 가장 큰 단계는 바로 PMI과정이다. PMI의 리스크 요인을 다음과 같이 분류할 수 있다.[9]

◦ 통합기업의 리더십 부재로 인한 효율성 저하와 내부갈등 심화

9) 서영우 외, 전게서.

- 피인수기업의 핵심인력 및 기술의 유출
- 가시적인 단기 원가절감 주력에 따른 성장잠재력 상실
- 통합 후 발견된 새로운 사실과 환경의 변화를 무시한 채 기존계획의 무리한 추진으로 인한 생산성 저하
- 통합 후 효과적인 커뮤니케이션 실패로 인한 근무기강 해이 및 불필요한 내부경쟁 확대

11-7. 르노삼성자동차의 M&A

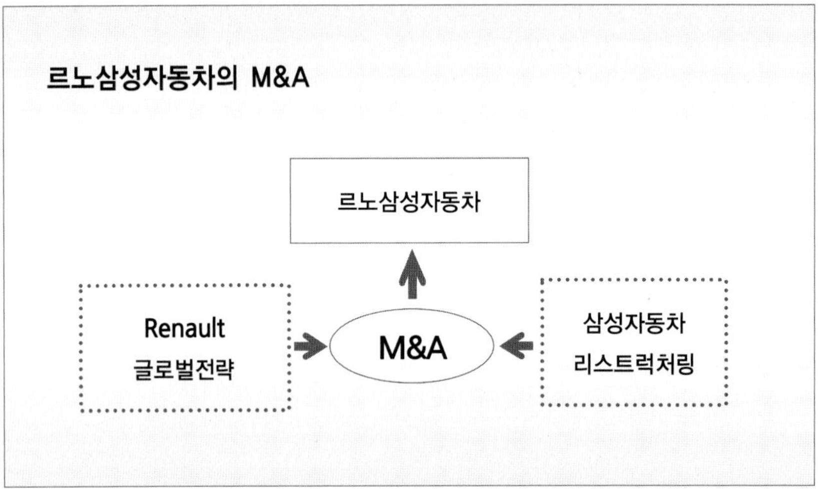

앞에서 설명한 바와 같이, 인수 후 통합과정은 M&A전략의 성패를 좌우하는 중요한 단계이다. 그 이유는 피인수기업의 리스트럭처링을 효과적으로 추진하고 또 과정통합 및 유형적 통합을 통해 시너지를 극대화하면서 기업의 새로운 가치를 창출해야 하기 때문이다.

인수 후 통합과정에서 구성원들의 불안감 해소와 생산성 향상을 위해 인수기업은 구체적인 통합목표를 제시하고, 아울러 기업간의 문화충돌 방지를 위해 조직문화를 융합하는 등 통합과정을 지속적으로 관리할 필요가 있다. 인수 후 통합에 성공한 대표적 사례로 르노삼성자동차를 들 수 있다.

프랑스의 Renault가 2000년에 삼성자동차를 인수하면서 탄생한 르노삼성자동차는 수만 명의 고용창출효과와 함께 SM시리즈의 지속적 출시를 통한 현금흐름의 개선, 7년 연속 고객만족도 1위 선정 등 M&A의 성과를 높이고 있다. 성공의 첫 번째 비결은 2001년 말까지 중형자동차 시장에서 25%의 시장점유율 달성이라는 통합목표의 제시와 함께 고용창출의 약속을 지킴으로써 조직원들의 불안감 해소와 이에 따른 동기부여가 가능했기 때문이다.

두 번째 성공비결은 조직문화의 융합에서 찾을 수 있다. 르노삼성자동차는 원활한 계층간의 의사소통을 위해 2000년 9월 출범과 동시에 임원집무실을 없애고 의사소통에 방해가 되는 사무공간 등 불필요한 벽을 없앴다. 최고경영자는 한국문화를 이해하기 위해 한글을 배우기 시작했고, 크로스기능제도를 실천하면서 부서간의 커뮤니케이션 활성화를 유도하였다.

크로스기능제도란 프로젝트 관련 사업부서 담당자가 모두 모여 각자의 의견을 제시하고 자유토론을 통해 합의점을 도출하는 제도로 기업 내 토론문화를 확산시키는 원동력이 되었다. 크로스기능제도를 통해 의사소통이 원활해지고 조직원 상호간의 이해가 증진되면서 르노삼성자동차의 생산 및 판매가 신장되기 시작하였다. 그리고 2007년 르노삼성자동차의 노사문화대상 국무총리상 수상은 바로 이와 같은 기업 내 원활한 의사소통의 결과라고 할 수 있다.

결국 르노삼성자동차의 M&A전략 성공은 글로벌기업으로서 조직간 문화융합을 중시하는 Renault의 글로벌현지화전략(Global Localization)과 함께 삼성의 브랜드와 Renault의 기술력이 결합하여 창출된 시너지효과가 그대로 기업의 가치창출로 연결되었기 때문이라고 할 수 있다.

제 12 장
다각화전략

12-1. 다각화의 개념

Chandler의 다각화단계

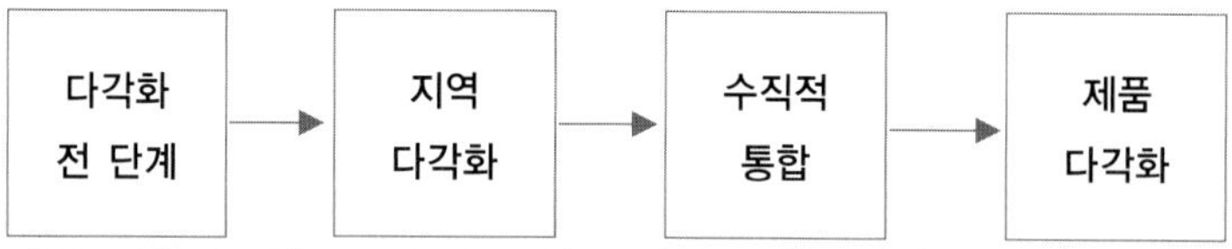

다각화(Diversification)는 기업이 제품과 시장의 확장을 통해 기업의 성장을 도모하는 전형적인 성장전략이다. 7장에서 설명한 바와 같이, Ansoff는 다각화를 기업이 신제품개발과 신시장개척을 동시에 추구하는 것이라고 정의하였다. 하지만 그 의미를 사업차원으로 확대하고, 또 특정산업 내에서의 수직적/수평적 통합까지 포함시킬 필요가 있다.

다각화에 대해 체계적으로 연구한 Chandler에 의하면, 미국기업들은 다음과 같은 순서로 다각화를 확대하였다.[10)]

- **1단계**

  한정된 지역에서 단일품목을 생산하는 다각화 전 단계

- **2단계**

  통신과 운송수단이 발달함에 따라 기업이 판매망을 전국으로 확대하는 지역다각화 단계

---

10) A. D. Chandler Jr., *The Visible Hand: The Managerial Revolution in American Business,* Harvard University Press, 1977.

■ 3단계

특정산업 내에서 마케팅과 유통부문 등으로 수직적 통합이 이루어지는 단계

■ 4단계

마케팅과 유통부문의 유휴설비를 활용하기 위해 생산품목을 다양화하는 제품다각화단계

12-2. 수직적 통합

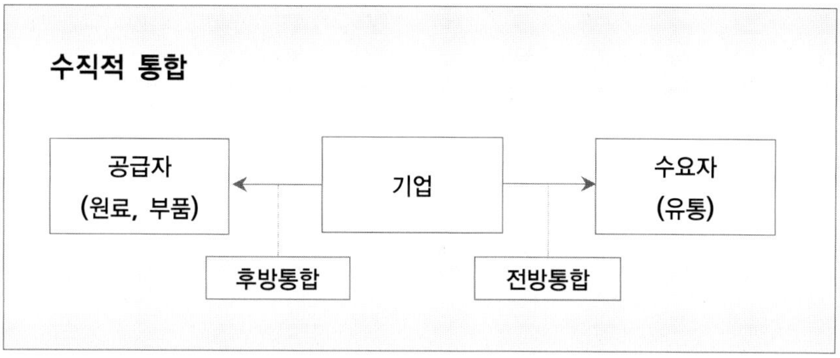

수직적 통합(Vertical Integration)이란 한 기업이 특정산업에서 수직적으로 연결된 가치활동을 동시에 소유 및 통제하는 것을 의미한다. 일반적으로 수직적 통합은 매력도가 높은 특정산업에서 강한 경쟁력을 보유하고 있는 기업이 추진하기에 적합한 성장전략이다. 많은 기업들이 높은 매력도로 인해 경쟁이 치열한 산업에서 경쟁적 지위를 확보하기 위해 수직적 통합을 선택하는 이유는 수직적 통합을 통해 제품의 마케팅이나 유통을 효율적으로 통제하거나 원료 및 부품의 구입과정을 효율화함으로써 시장을 통한 거래비용을 줄일 수 있기 때문이다.

수직적 통합에는 공급자의 기능을 흡수하는 후방통합(Backward Integration)과 유통과 같은 수요자의 기능을 흡수하는 전방통합(Forward Integration)의 두 가지 유형이 있다. 그리고 소유형태에 따라 완전통합과 부분통합으로 구분된다. 완전통합은 100% 소유권을 통해 수직적 거래관계에 대한 강력한 통제를 행사할 수 있지만 비통합으로 이동하는 데 유연성이 떨어진다. 반면 합작투자나 장기공급계약을 통한 부분통합은 상대적으로 유연성이 높다고 할 수 있다.

12-3. 다각화의 유형

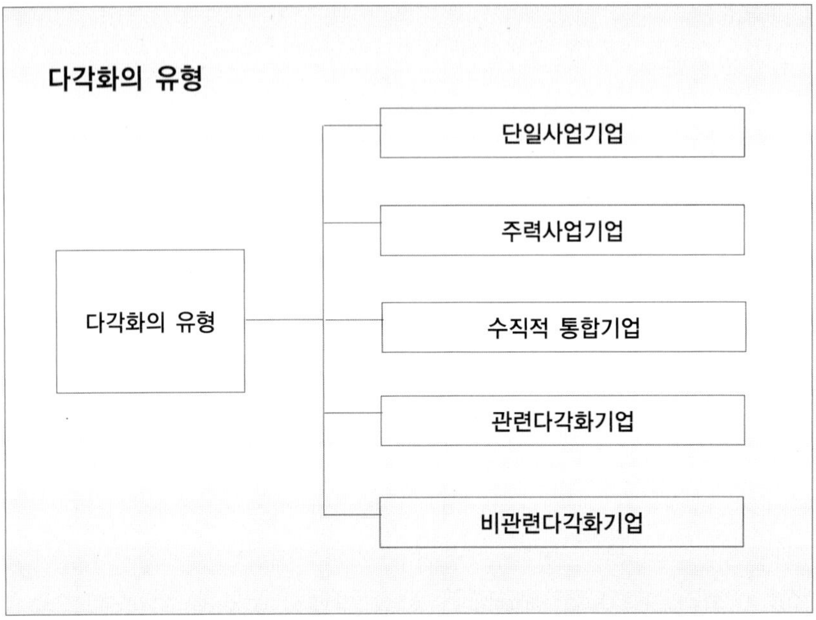

Rumelt는 기업이 제품계열을 확장하여 새로운 사업분야로 진출하는 것을 다각화로 보고, 다각화를 다각화기업이 보유하고 있는 사업분야의 관련성 여부에 따라 다음과 같이 다섯 가지 유형으로 구분하였다.[11)]

- **단일사업기업(Single Business)**

  주력사업에서 매출의 95% 이상을 달성하는 기업

- **주력사업기업(Dominant Diversifier Firm)**

  주력사업 내에서 70-95%의 매출을 얻는 기업

11) R. Rumelt, "Diversification Strategy and Profitability", *Strategic Management Journal,* 3, 1982.

- **수직적 통합기업(Vertically Integrated Firm)**

  수직적으로 통합된 기업에서 매출의 70% 이상을 얻는 기업

- **관련다각화기업(Related Diversifier)**

  관련성이 높은 사업에서 매출의 70% 이상을 얻는 기업

- **비관련다각화기업(Unrelated Diversifier)**

  관련사업의 매출이 전체 매출의 70% 이하인 기업

12-4. 다각화와 경영성과

다각화의 성과

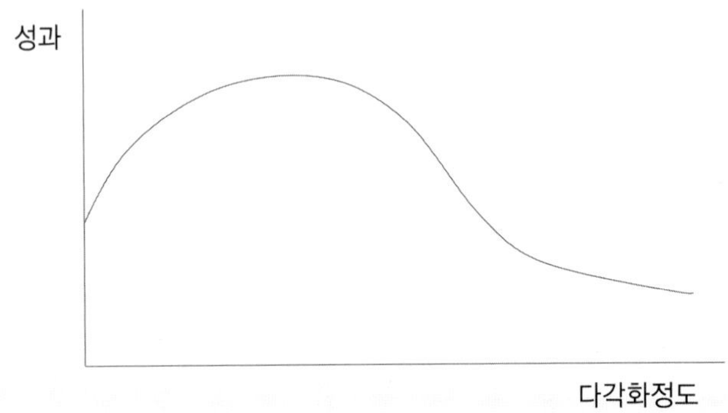

자료: D. Collis and C. Montgomery, *Corporate Strategy*, McGraw-Hill, 1997.

일반적으로 다각화와 경영성과간의 관계는 곡선형 관계를 이루고 있다. 다각화전략이 핵심역량의 공유와 범위의 경제를 통해 경영성과의 향상을 기대할 수 있지만 일정수준을 넘으면 추가적 비용, 예를 들면, 여러 사업간의 조정에 따른 복잡성 비용과 사업운영의 경직성 및 비효율성 비용 등이 발생하여 오히려 경영성과가 떨어지기 때문이다.[12] 특히 비관련사업으로 무차별적인 다각화를 하는 경우에는 제한된 자원이 핵심사업에 집중되지 못하고 오히려 핵심역량의 분산으로 인해 경쟁력 상실을 초래할 수도 있다.

Rumelt는 기업의 다각화의 유형에 따라 수익성의 차이를 분석하였는데, 비관련다각화기업들의 경영성과가 관련다각화기업들의

12) 이승주, 「경영전략 실천 매뉴얼」, Sigma Insight Group, 1999.

경영성과보다 더 낮은 것으로 나타났다.[13] 이와 같은 분석결과는 7장 성장전략에서 언급했던 것처럼, 고성장기업 가운데 신산업에 투자한 기업이 0%인 반면, 저성장기업은 10%가 신산업에 투자했다는 조사결과와 일치한다.

1980년대 이후 많은 비관련다각화기업들이 탈다각화를 위해 리스트럭처링을 통한 구조조정을 전략적으로 추진하게 되는데, 그 이유가 바로 무리한 비관련다각화로 인해 조정비용이 상승하면서 기업의 경쟁력 상실과 함께 경영성과가 악화되었기 때문이라고 할 수 있다.

13) R. Rumelt, *op. cit.*

12-5. 다각화의 동기

다각화의 동기

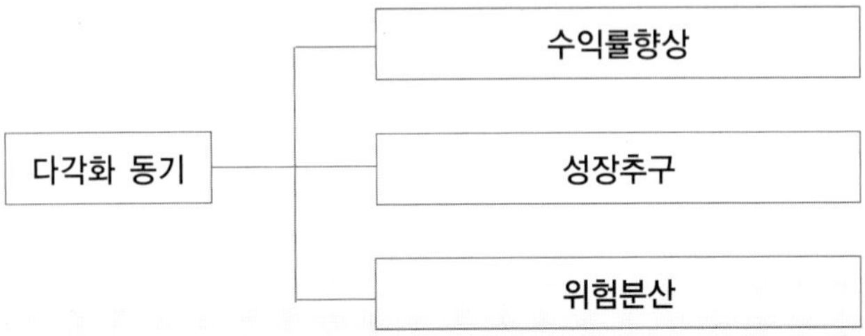

일반적으로 다각화기업들은 다음과 같은 동기를 가지고 다각화 전략을 추진하였다.

■ 수익률향상

다각화의 가장 중요한 동기는 기업이 다양한 사업들을 공동소유 하에 놓고 수익률을 향상시킴으로써 주주의 가치를 창출하는 것이었다. 하지만 앞에서 살펴본 바와 같이, 다각화기업들의 경영성과가 전반적으로 저조함으로써 1980년대 이후 많은 다각화기업들이 오히려 집중화로 회귀했던 것을 보면, 기업들의 다각화 동기가 수익률향상을 통한 주주의 가치창출보다는 경영자 개인의 욕구만족을 위한 동기들이 더 강했다고 평가할 수 있다.

■ 성장추구

미국이나 유럽의 경우, 침체기에 접어든 사양산업에서 기업의 외적 성장을 추구하기 위한 다각화가 적극적으로 추진되었다. 하지만 주주를 위한 성장이 아니라 기업규모의 확장을 통한 조직구성원들의 승진기회 확대와 최고경영자의 성취욕 충족을 위한 성장전략이었기 때문에 주주들은 오히려 손실을 안게 되었다. 한국의 재벌기업 역시 수익창출보다는 최고경영자 개인의 만족감 충족이나 금융시장에서의 용이한 자본조달을 위해 성장전략을 추진하였기 때문에 다각화의 부정적 효과가 더 크게 나타났던 것이다.

■ 위험분산

일반적으로 다각화는 기업의 전반적인 수익흐름을 안정적으로 만들기 때문에 특히 불경기와 호경기가 주기적으로 반복되는 산업에서 경기순환에 따른 위험을 감소시킬 수 있다. 하지만 위험분산을 위한 다각화 역시 주주의 위험감소보다는 경영자의 개인적 목적이 더 강하다고 할 수 있다. 그 이유는 주주들이 단순히 위험감소의 목적이라면 기업의 다각화를 통하기보다는 자신들의 포트폴리오를 개인적으로 안전하게 구성함으로써 위험을 충분히 줄일 수 있기 때문이다.

12-6. 다각화를 위한 테스트

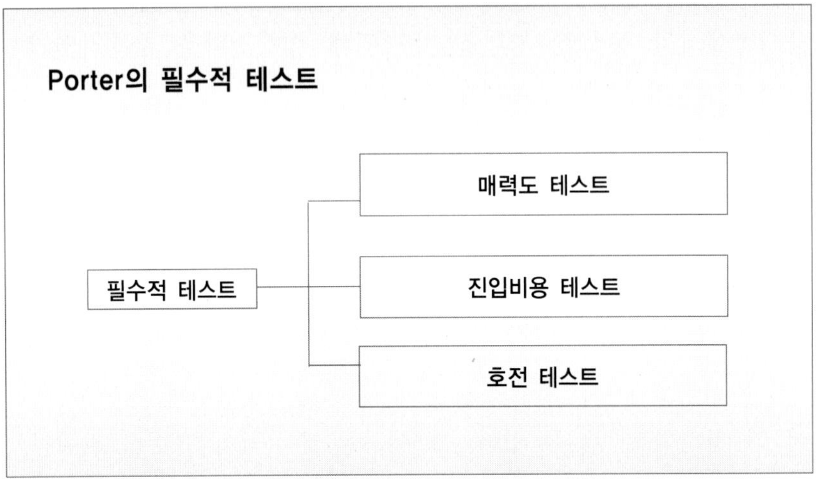

다각화전략을 선택했던 미국과 유럽의 많은 기업들이 1980년대 이후 리스트럭처링을 통한 탈다각화 현상을 보였던 것은 성장을 추구하기 위한 지나친 욕심이 기업의 능력을 앞서면서 경영성과가 큰 폭으로 악화되기 시작했기 때문이다. 특히 위험을 분산시킨다는 목적으로 인수를 통해 비관련다각화를 추구했던 기업들은 주주의 가치를 높여주기보다는 오히려 핵심역량의 분산으로 주주의 이윤을 감소시키는 결과를 초래하였다.

Porter에 의하면, 기업들이 다각화전략을 통해 새로운 가치를 창출하기 위해서는 핵심역량의 이전과 경영자원의 공유가 필수적이다. 특히 다각화전략이 주주의 가치를 높이기 위해서는 기업들이 전략을 수립하기 전에 다음과 같은 세 가지 테스트를 반드시 만족시켜야 한다.[14)]

---

14) M. Porter, "From Competitive Advantage to Corporate Strategy", *Harvard Business Review*, May-June 1987.

■ **매력도 테스트(The Attractiveness Test)**

다각화를 위해 진입하고자 하는 산업은 반드시 구조적으로 매력적이거나 아니면 매력적으로 발전될 가능성을 가지고 있어야 한다.

■ **진입비용 테스트(The Cost of Entry Test)**

진입하고자 하는 산업이 매력적일지라도 진입비용이 미래의 모든 수익을 상회해서는 안 된다.

■ **호전 테스트(The Better-Off Test)**

새로운 사업이 기존사업과의 연계를 통해 경쟁우위를 얻든지 아니면 기존사업이 새로운 사업으로부터 경쟁우위를 창출할 수 있어야 한다. 즉, 다각화를 통해 사업간 시너지효과가 반드시 나타나야 한다.

12-7. 다각화의 경쟁우위

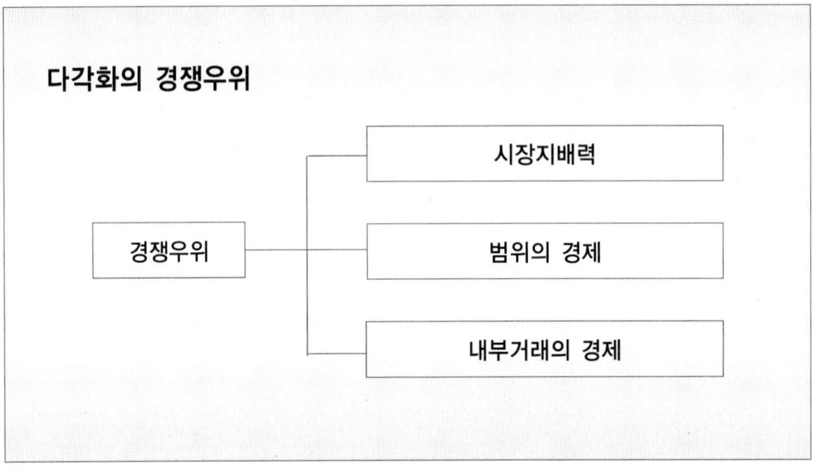

기업들이 다각화전략을 통해 시너지효과를 얻고 자본비용보다 더 큰 수익을 창출하기 위해서는 다각화를 통해 다음과 같은 경쟁우위를 창출해야만 한다.[15)]

▪ 시장지배력(Market Power)

다각화를 통해 특정산업에서 시장지배력을 확보한 기업은 그 사업에서 나온 수익으로 경쟁이 치열한 사업에서 약탈적 가격(Predatory Pricing), 즉 비용이하의 가격을 설정하여 경쟁자를 물리치고 신규기업의 진입도 막을 수 있다. 뿐만 아니라 상호구매를 통해 암묵적 담합을 할 수도 있고, 콩글로머릿끼리의 상호경쟁을 자제함으로써 안정적인 경쟁관계를 유지할 수도 있다.

▪ 범위의 경제(Economies of Scope)

다각화전략에서 범위의 경제는 운영의 관련성과 전략적 관련성

---

15) R. M. Grant, *Contemporary Strategy Analysis,* 6th. ed, Blackwell Publishers, 2007.

으로부터 발생한다. 먼저 운영측면에서 보면, 다각화된 사업간에 연구실이나 물류시스템과 같은 유형자원과 유명브랜드나 기술과 같은 무형자원을 공유하고, 마케팅이나 제품개발과 같은 기능적 역량들을 여러 사업들간에 이전시킴으로써 시너지효과가 발생한다. 그리고 전략적 측면에서는 기업의 일반적인 관리역량을 다른 사업에 적용시킴으로써 기업수준에서 시너지효과가 발생하는 것이다.

■ **내부거래의 경제(Economies of Internalizing Transactions)**

범위의 경제가 다각화의 필요조건이라면 내부거래를 통한 거래비용의 절감은 다각화의 충분조건이다. 특히 자본시장이나 인력시장이 비효율적인 경우에 다각화기업은 내부자본시장 또는 내부인력시장을 통해 필요한 자본이나 인력을 저렴한 비용으로 조달할 수 있다. 뿐만 아니라 다각화기업은 내부시장을 통해 다양한 정보에 대한 접근이 용이하다는 장점도 가지고 있다.

12-8. Philip Morris의 다각화전략

Altria Group의 조직도

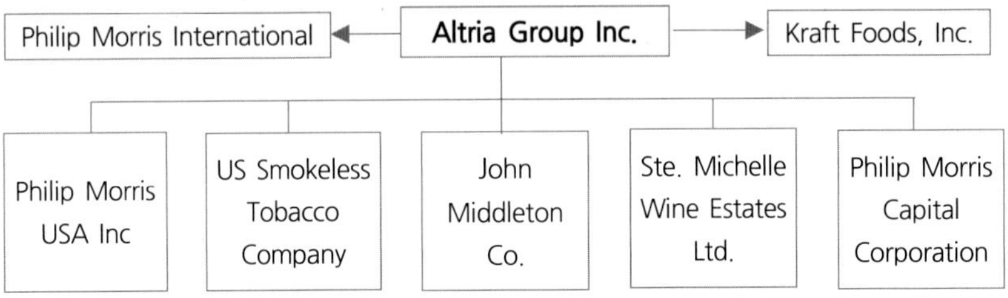

- 2002년 SAB와 Miller의 합병으로 SABMiller지분 28.5% 소유
- 2007년 시가(Cigar) 생산업체인 John Middleton Co. 인수
- 2007년 Kraft Foods, Inc., 2008년 Philip Morris International을 그룹에서 분사

자료: http://www.altria.com

Philip Morris는 비관련다각화에 성공한 대표적인 기업이다. 세계적인 담배브랜드로 유명한 Philip Morris는 담배사업에 대한 부정적 이미지의 확산과 함께 잦은 법률소송 등으로 장차 담배사업의 매력도가 떨어질 것을 예상하고 기업이미지 변신을 위해 식품사업으로의 다각화전략을 본격적으로 추진하였다.

1969년 세계적인 맥주기업 Miller Brewing Company를 인수하였고, 1985년에는 Maxwell House Coffee로 유명한 General Food Co.를 인수하면서 이듬해 수익이 50%나 증가하였다. 그리고 1988년에 치즈와 비스킷으로 유명한 Kraft, Inc.를 인수하고, 2000년에 Nabisco Holdings Corp.를 인수한 후, 2003년에 기업명을 Philip Morris에서 Altria Group Inc.으로 개명하였다.

수많은 콩글로머릿들이 다각화에 실패하고 구조조정을 하는 동안 다각화를 통해 기업이미지 변신에 성공한 Altria Group은 2006

년 Fortune 500대 기업서열에서 20위를 차지하는 등 성공적인 경영성과를 달성하였다. Philip Morris가 다각화에 성공할 수 있었던 가장 큰 요인은 다각화를 통해 범위의 경제와 내부시장 활용과 같은 경쟁우위를 창출할 수 있었기 때문이다.

Philip Morris는 자신의 핵심역량을 새로운 사업에 성공적으로 이전하면서 범위의 경제를 통한 시너지효과를 더욱 상승시킬 수 있었다. Philip Morris의 핵심역량은 세계적인 유명브랜드와 유통망 그리고 마케팅관리 노하우를 보유하고 있다는 것이다. 특히 Philip Morris는 세계적인 담배유통망을 다른 사업에 효과적으로 적용시키면서 범위의 경제를 더욱 효과적으로 창출할 수 있었다.

그리고 Philip Morris는 다각화를 통해 내부시장을 적극적으로 활용하였다. 특히 아시아와 동유럽에 진출하면서 현지시장에 관한 다양한 정보를 내부시장을 통해 확보할 수 있었을 뿐만 아니라 내부자본시장 등을 통한 거래비용 절감으로 풍부한 현금흐름을 확보하면서 위험분산에도 성공할 수 있었다.

제 13 장

글로벌경영전략

13-1. 글로벌화의 개념

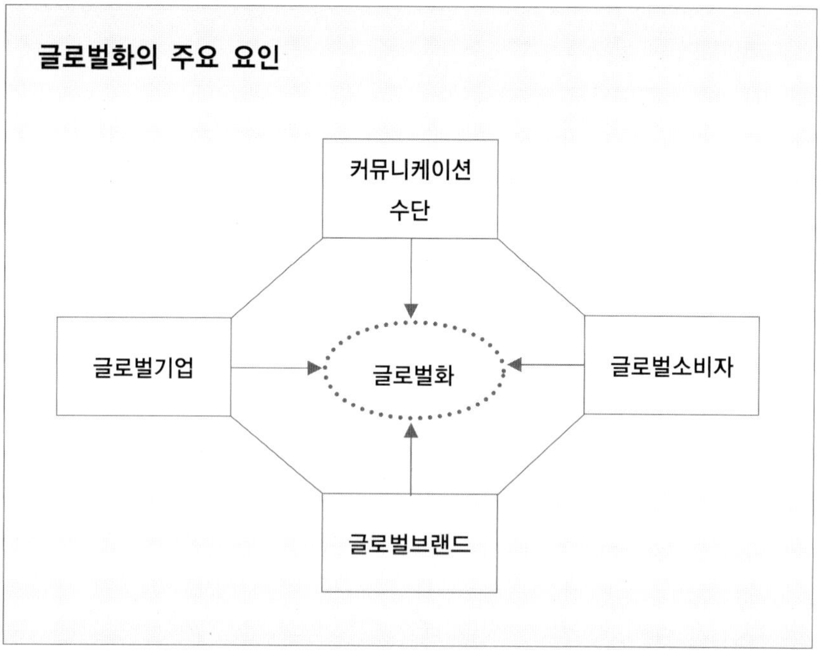

일반적으로 글로벌화(Globalization)란 국가단위의 수많은 시장들이 국경의 구분 없이 하나의 세계적인 시장으로 통합되는 과정을 의미한다. 시장의 글로벌화에 따라 국가간의 상호의존도가 높아지고 기업의 경영활동, 경쟁, 전략의 글로벌화도 함께 이루어진다. 글로벌화는 다음과 같은 거시적 환경요인으로 인해 그 속도가 더욱 빨라지고 있다.

■ 커뮤니케이션 수단

인공위성, 인터넷, 모바일 폰과 같은 커뮤니케이션 수단의 발달은 소비자의 구매결정과정 뿐만 아니라 기업의 경영활동에도 획기적인 변화를 가져왔다. 무엇보다도 기업들은 커뮤니케이션 기술의 발달로 인해 마케팅 등 다양한 경영활동을 신속하게 처리함으로써 글로벌경영을 더디게 했던 지리적, 시간적 장벽을 극복할 수 있게 되었다. 결국 커뮤니케이션 수단의 발달은 기업과 소비자의 글로벌화와 함께 시장의 글로벌화를 더욱 가속화시키고 있다.

■ 글로벌기업

다국적기업 또는 초국적기업들은 국제무역 및 해외직접투자와 같은 글로벌전략을 통해 그들의 규모를 더욱 확대시키면서 시장의 글로벌화를 촉진시키고 있다. 예를 들면, Microsoft는 전 세계의 수많은 소프트웨어업체들을 인수하면서 세계 소프트웨어시장을 하나의 단일화된 시장으로 만들어 가고 있다. 이처럼 규모의 경제와 범위의 경제를 확대하려는 기업의 욕구와 함께 각국 정부의 규제완화와 WTO 출범과 같은 외부환경의 변화로 무역 및 외국인투자 장벽이 철폐되면서 글로벌기업의 성장속도는 더욱 빨라졌다. 결국 시장의 글로벌화는 글로벌기업의 성장과 같은 속도로 이루어지고 있다.

■ 글로벌소비자

연령이나 지역과 관계없이 소비자들의 경제수준 향상과 도시화 경향이 그들의 소비행태를 유사하게 만들면서 시장의 글로벌화를 더욱 가속화시키고 있다. 특히 전 세계 GDP의 상당 부분을 차지하고 있는 선진국 소비자들의 라이프스타일이나 소비행태는 거의 차이가 없을 정도로 유사해지고 있다. 예를 들면, 하루 일과를 끝낸 그들은 대부분 LG의 LCD TV로 Hollywood 영화를 즐기거나 Sony의 PSP로 저녁시간을 보낸다. 그리고 다가오는 주말을 위해 자동차 여행을 계획한다. 결국 소비자의 동질화가 시장의 글로벌화를 촉진하는 동시에 기업의 글로벌화를 자극하는 것이라고 할 수 있다.

■ 글로벌브랜드

세계적인 브랜드는 시장의 글로벌화에 중요한 촉진제 역할을 하고 있다. 과거보다 더 부유해진 글로벌소비자들은 그들의 니즈를 효율적으로 충족시켜줄 수 있는 차별화된 제품과 서비스를 원한다. 하지만 성숙기에 들어선 대부분의 소비재에서 제품간의 기능 및 품질의 차이가 미미해지자 기업들은 브랜드이미지의 차별화를 통한 브랜드파워를 구축하기 시작하였다. 뿐만 아니라, 동질적인 글로벌소비자들의 고급화 취향이 제품의 브랜드화를 더욱 촉진시켰다. 예를 들어, LG, Nike, Coca-Cola, Sony, Levi, McDonald's와 같은 글로벌기업들은 그들의 제품포지셔닝을 전 세계 글로벌소비자들의 니즈에 맞추어 표준화 및 일관화하기 시작하였고, 이러한 글로벌 브랜딩전략에 의해 시장의 글로벌화가 더욱 가속화되고 있는 것이다.

13-2. 산업의 글로벌화

Yip의 레이더

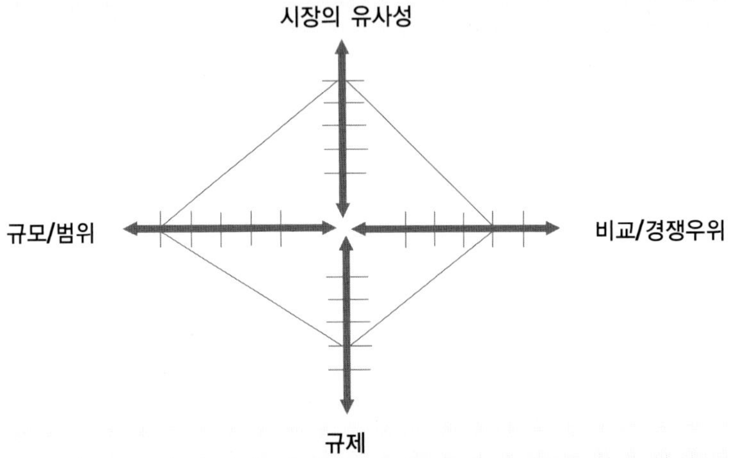

자료: G. Yip, *Total Global Strategy,* Prentice Hall, 1995.

기업은 다양한 변수들을 활용하여 산업의 글로벌경쟁 수준을 평가함으로써 산업환경의 변화에 효과적으로 대응할 수 있는 글로벌전략을 수립할 수 있다. Yip의 레이더(Yip's Radar)는 다음과 같이 네 개의 변수를 측정함으로써 특정산업의 글로벌경쟁 수준을 판단하는데 이용된다.

■ 시장의 유사성(Market Similarity)

시장의 유사성이란 소비자의 기호나 욕구, 유통구조 등에서의 유사성을 기준으로 시장을 하나의 통합된 글로벌시장 또는 지리적으로 세분화된 여러 개의 시장으로 구분할 수 있는 시장의 조건을 의미한다.

■ **규모 및 범위(Scale/Scope)**

이것은 생산과정에서 규모의 경제 또는 범위의 경제효과를 증가시킬 수 있는 다양한 원천들을 의미한다. 규모 및 범위의 경제효과가 큰 산업일수록 글로벌화의 수준이 높다.

■ **규제(Regulation)**

관세, 비관세, 외국인투자 규제 등과 같이 산업의 지리적 확대를 제한하는 현지정부의 규제성 간섭을 의미한다. 현지국가의 규제를 덜 받는 산업일수록 글로벌화의 수준이 높다.

■ **비교우위 및 경쟁우위(Comparative/Competitive Advantage)**

비교우위란 기업이 특정국가 및 지역에서 경영활동을 하기 때문에 경쟁력을 확보할 수 있는 국가특유의 우위를 의미한다. 현지국가의 비교우위가 특정산업의 경쟁우위 확보에 긍정적 영향을 미칠수록 그 산업의 글로벌화 수준이 높아진다.

13-3. 산업별 글로벌화 유형

국제화 유형

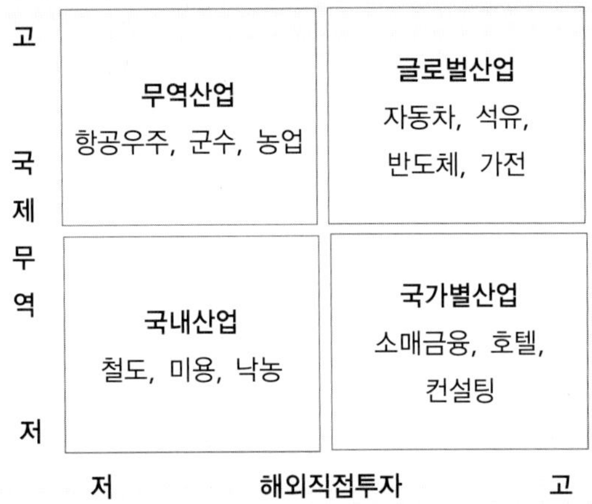

자료: R. M. Grant, *Contemporary Strategy Analysis*, 6th. ed, Blackwell Publishers, 2007.

모든 산업에서 글로벌화의 추진이 반드시 기업에게 유리한 기회를 가져다주지는 않는다. Yip의 레이더에서 설명한 변수들을 기준으로 살펴보면, 산업의 특성에 따라 글로벌화의 방법이나 수준이 다를 수밖에 없다. 그림의 산업별 국제화 유형을 보면, 국제무역과 해외직접투자의 개입수준에 따라 산업의 국제화 유형 또는 단계를 국내산업, 무역산업, 국가별산업, 글로벌산업의 네 가지 유형으로 구분하고 있다.[16]

16) R. M. Grant, *Contemporary Strategy Analysis*, 6th. ed, Blackwell Publishers, 2007.

■ 국내산업(Domestic Industries)

철도산업, 미용업, 낙농업, 세탁업과 같은 사업들은 무역이나 해외직접투자가 용이하지 않은 전형적인 내수지향적인 산업이다. 그 이유는 산업의 특성상 현지의 비교우위를 활용하기 어렵고, 심지어 일부 산업에서는 현지정부의 규제가 심하기 때문이다.

■ 무역산업(Trading Industries)

항공우주산업이나 군수산업과 같이 제품보안이 중요하거나 또는 농업과 같이 기후조건 등에 민감한 산업의 경우는 해외투자가 쉽지 않지만 국제무역을 통해 국제화가 활발하게 이루어진다.

■ 국가별산업(Multidomestic Industries)

소매금융업, 호텔업, 컨설팅 등은 산업의 특성상 국제무역이 쉽지 않지만 현지화의 압력이 강하게 작용함으로써 해외직접투자를 통해 여러 국가에서 국가별 특성에 따른 경영활동이 이루어진다.

■ 글로벌산업(Global Industries)

자동차, 석유, 반도체, 가전과 같은 산업들은 시장조건이 유사하고 규모의 경제효과가 크기 때문에 국가간의 무역이 활발하게 이루어질 뿐만 아니라 현지의 저렴한 노동력과 우수한 기술 등의 비교우위를 활용하고 고용창출이라는 긍정적 효과로 인해 현지정부의 다양한 인센티브를 받을 수 있기 때문에 해외직접투자도 활발하게 이루어진다.

13-4. 기업의 글로벌화

기업 글로벌화 수준

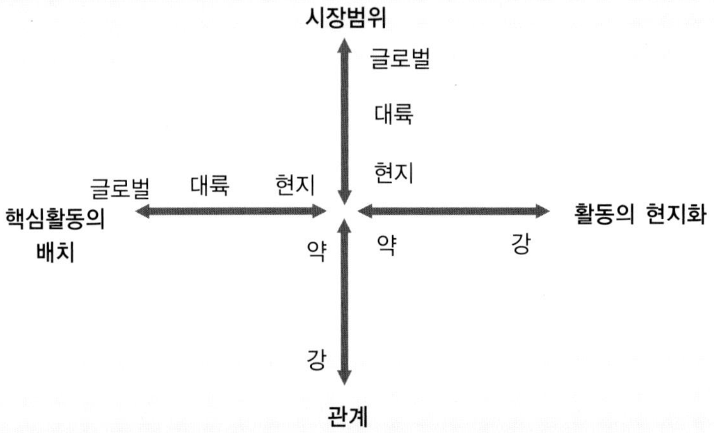

자료: D. R. Lessard, "Frameworks for Global Strategic Analysis," *Journal of Strategic Management Education* 1(1), 2003.

Lessard는 다음과 같이 네 개의 변수를 이용하여 기업의 글로벌화 수준을 평가하였다. 시장범위와 핵심활동의 배치가 주로 기업의 유형적 행동을 의미하는 반면, 관계와 활동의 현지화는 주로 무형적 성격을 띤 변수들이다.[17]

■ **시장범위**

시장범위란 기업이 제품을 판매하는 시장의 지리적 범위를 의미한다. 글로벌화 수준이 높은 기업일수록 판매시장이 한 국가로부

17) D. R. Lessard, "Frameworks for Global Strategic Analysis," *Journal of Strategic Management Education* 1(1), 2003.

터 대륙을 거쳐 글로벌시장으로 확대된다.

■ 핵심활동의 배치

핵심활동의 배치란 기업이 핵심역량을 가지고 있는 기능 및 활동의 지리적 배치를 의미한다. 기업의 글로벌화 수준이 높다고 가치활동이 반드시 본국을 벗어나서 수행되는 것은 아니다. 글로벌기업의 가치활동은 운송비나 조정비 등을 고려하여 지역의 구분 없이 가장 적합한 장소에서 적합한 규모로 수행된다.

■ 관계

관계란 기업 상호간의 협력 및 조정 그리고 노하우의 공유 및 공동개발을 의미한다. 글로벌기업일수록 상호간에 조정이 강하게 이루어지며 긴밀한 관계를 유지한다.

■ 활동의 현지화

활동의 현지화란 기업이 다양한 해외시장환경에 반응하고 개입하는 정도를 의미한다. 이것은 특정시장에서 제품을 단순히 적응하는 것보다 훨씬 강도 깊은 시장개입의 개념으로 이해해야 한다. 따라서 Lessard는 이 변수를 아주 강도가 약한 단계(현지시장의 반감을 사지 않을 정도의 충분한 현지화)에서 가장 강한 단계(현지시장의 게임규칙에 영향을 미칠 정도의 충분한 현지화)까지 최소한 다섯 단계로 그 크기를 측정할 필요가 있다고 강조하였다.

13-5. 기업의 글로벌화 유형

Porter의 국제적 배치/조정

자료: M. E. Porter, "Changing Patterns of International Competition," In The Competitive Challenge, Edited by D. J. Teece, Ballinger, 1987.

Porter는 가치활동의 글로벌 배치(Configuration)와 조정(Coordination)이라는 두 변수를 활용하여 기업의 국제화를 구분하고 글로벌전략에 대한 정의를 하였다.[18] 사실 기업이 전 세계시장에서 가치사슬의 다양한 활동과 자원을 어디에 배치하고 또 이들을 어느 정도 어떻게 조정할 것인가는 글로벌전략의 핵심이슈이다.

먼저 가치활동의 배치는 집중과 분산으로 구분할 수 있다. 마케팅과 판매, 서비스와 같은 활동은 수요가 큰 시장이면 어느 곳이나 필요하지만 연구개발, 생산, 구매와 같은 활동들은 기업이 산업의 특성에 따라 규모의 경제를 높이기 위해 한 곳에 집중하거나 또는

18) M. E. Porter, "Changing Patterns of International Competition," In *The Competitive Challenge,* Edited by D. J. Teece, Ballinger, 1987.

기업의 전략적 유연성을 높이고 무역장벽을 회피하며 환율과 정치적 위험으로 인한 비용과 운송비 등을 절감하기 위해 전 세계에 분산시킬 수도 있다.

조정이란 전 세계에 배치된 자회사에 대한 본사의 통제와 상호 간의 지식공유를 의미한다. 기업들은 전 세계에서 수행되고 있는 생산, 판매, 조달 등의 가치활동을 어느 정도 어떻게 조정할 것인가를 결정해야 하는데, 글로벌전략을 추진하는 기업일수록 활동간의 통합정도가 강하고 지식과 정보를 공유하는 등의 긴밀한 조정이 이루어진다.

Porter는 기업의 가치활동이 전 세계적으로 분산 배치되고 활동 간의 조정수준이 강한 기업을 글로벌기업이라고 정의하였다. 일반적으로 고도의 글로벌기업들은 핵심적인 가치활동만 본국에서 수행하고 나머지 기타 활동들은 전 세계의 여러 지역에 분산 배치한 후 상호 긴밀하게 조정함으로써 글로벌경영의 효율성을 높이고 있다. 예를 들면, Nike는 제품의 연구개발과 디자인은 미국에서 수행하고 부품은 태국 등에서 조달하며 중국이나 베트남 등에서 신발을 조립하고 북미와 유럽에서 마케팅활동을 한다. 그리고 GPIN (Global Production Information Network)과 같은 정보시스템을 이용하여 상호 간의 정보를 공유하는 방식으로 자회사 및 공급업체들과의 긴밀한 네트워크를 구축함으로써 효과적인 글로벌전략을 수행하고 있다.

다국내전략은 글로벌전략과 배치의 차이만 있을 뿐 내용은 동일하다. 과거 일본의 다국적기업들이 주로 추구하였던 국제화전략으로 기업의 규모와 산업의 성격에 따라 기업이 가치활동을 분산하는 것보다 몇몇 국가에 집중시킨 후 강력한 조정과 통제를 필요로 할 때 선택할 수 있는 전략이다.

국가별전략은 기업이 여러 국가에 자회사를 설치하되 기업의 운영을 각각의 자회사에게 일임하고 조정을 강력하게 하지 않는 국제화전략을 의미한다. 국가별전략은 산업의 특성과 시장별 경영 환경의 차이에 따라 국가별로 기업활동의 차별화가 필요할 때, 즉 현지화의 압력이 강한 산업에서 기업들이 선택할 수 있는 전략이다. 이러한 전략은 주로 유통업, 소매금융업, 컨설팅, 식품산업 등에서 효과적이라고 할 수 있다.

13-6. 글로벌화와 현지화

글로벌화와 현지화

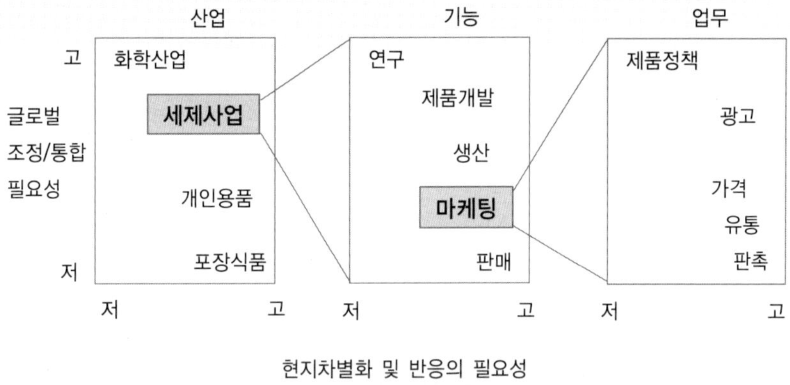

자료: C. A. Bartlett, and S. Ghoshal, *Managing Across Borders: The Transnational Solution*, Harvard Business School Press, 1989.

기업 가치활동의 국제적인 배치와 조정을 분석하는 데 유용한 모델 중의 하나가 바로 '글로벌화/현지화 프레임워크'이다. 이 분석틀은 1981년 Doz, Bartlett, and Prahalad의 논문에 처음 소개되었고,[19] 이후 Bartlett과 Ghoshal에 의해 더욱 정교하게 발전되었다.[20]

이들의 연구에 의하면, 기업의 글로벌화와 현지화는 사업의 성격과 주요 활동에 따라 그 필요성의 정도가 달라진다. Unilever의 경우, 세제사업은 화학산업보다 글로벌 조정 및 통합의 필요성이 작지만 포장식품보다는 훨씬 크다. 세제사업 내에서도 마케팅은 연

---

19) Y. Doz, C. Bartlett, and C. K. Prahalad, "Global Competitive Pressures vs. Host Country Demands: Managing Tensions in Multinational Corporations," *California Management Review* 23(3), 1981.

20) C. A. Bartlett, and S. Ghoshal, *Managing Across Borders: The Transnational Solution,* Harvard Business School Press, 1989.

구나 제품개발에 비해 현지화의 필요성이 큰 기능이다. 마케팅 중에서도 가격, 유통, 판촉과 같은 업무는 제품정책이나 광고보다 현지화의 요구가 강한 편이다. 따라서 기업의 글로벌전략은 사업별, 기능별, 업무별로 글로벌통합과 현지차별화간의 균형을 이루는 것이 중요하다.

일반적으로 기업의 글로벌화는 다음과 같이 시장요인, 비용요인, 경쟁요인의 영향을 받는다.

- **시장요인**

  일반 소비자의 니즈, 글로벌소비자, 국가간 네트워크 효과

- **비용요인**

  규모의 경제, 국가간 자원의 차이, 학습효과

- **경쟁요인**

  전략적 경쟁을 위한 대비

그리고 현지화 및 차별화는 다음과 같이 시장요인, 비용요인, 정부요인의 영향을 받는다.

- **시장요인**

  언어의 차이, 소비자 선호도의 차이, 문화적 차이

- **비용요인**

  운송비, 거래비용, 정치적 위험, 현지시장에 대한 반응속도

- **정부요인**

  무역장벽, 정부의 규제

13-7. 진입국가의 선정

Porter의 다이아몬드 구조

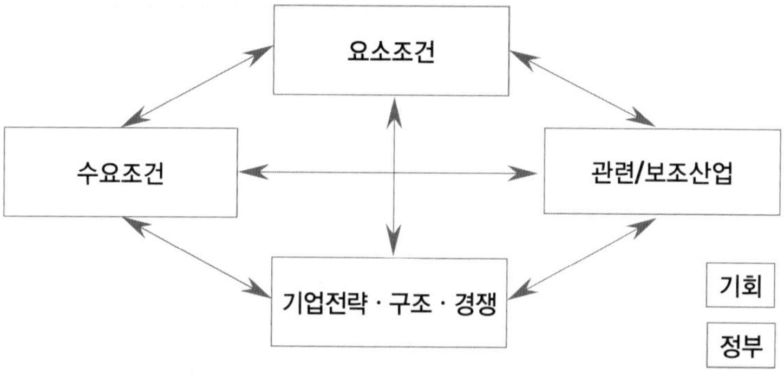

자료: M. E. Porter, *The Competitive Advantage of Nations*, The Free Press, 1990.

글로벌전략을 수립할 때 기업이 선택해야 하는 주요 의사결정 중의 하나가 진입할 국가 또는 시장을 선정하는 것이다. 그 이유는 국가마다 상이한 경영환경으로 인해 국가의 경쟁우위 결정요인이 다르고, 이에 따라 시장의 매력도도 달라지기 때문이다.

일반적으로 국제시장에서 기업의 경쟁우위는 기업의 자원과 능력, 산업의 환경과 주요 성공요인, 그리고 국가적 환경의 영향을 받는다. 특히 국가적 환경은 천연자원과 인적자원, 교통과 통신 등의 하부구조, 국가문화, 국내시장조건, 정부정책, 환율, 관련 및 보조산업 등을 포괄하는 국가특유의 비교우위 요인으로 글로벌기업의 경쟁력 창출과 유지에 중대한 영향을 미친다.

Porter는 국가의 경쟁우위 결정요인들을 다음과 같이 제시하였다.[21] 기업들은 진입국가를 선정할 때 자신의 전략적 목표를 이들

국가적 경쟁우위 결정요인들과 일치시킬 필요가 있다.

■ **요소조건(Input Factor Conditions)**

요소는 천연적인 것과 후천적인 것으로 구분된다. 천연적 요소는 천연자원, 기후 등을 의미하고, 후천적 요소는 통신, 숙련노동, 사회간접자본 등을 의미한다. Porter는 훈련과 연구, 혁신을 통한 요소창출의 역할을 강조함으로써 결국 후천적 요소가 천연적 요소보다 기업의 경쟁우위 창출에 더 중요한 요소임을 강조하였다.

■ **수요조건(Demand Conditions)**

국내의 수요조건은 국가의 경쟁우위를 결정하는 주요 요소이다. 일반적으로 대규모의 까다로운 국내소비자들은 기업들이 국내시장에서의 지배적인 위치를 차지하기 위해 혁신적인 제품을 개발하고 공급하도록 자극하는 역할을 한다. Porter는 이러한 국내소비자들의 요구가 기업의 국제적 경쟁력까지 강화시킨다고 주장하였다.

■ **관련 및 보조산업(Related & Supporting Industries)**

관련산업 및 보조산업의 존재는 산업클러스터의 구성에 중요한 역할을 한다. 특히 국제적으로 경쟁력 있는 관련 및 보조산업과 긴밀한 관계를 형성하고 있는 경우 공급자와 소비자간의 의사소통이 용이하고 비용절감 및 부품혁신이 촉진된다.

■ **기업전략, 구조, 경쟁(Firm Strategy, Structure, & Rivalry)**

기업의 전략과 조직이 국가의 특성에 적합할 때 국가경쟁력의 원천이 된다. 그리고 기업들은 국내시장의 치열한 경쟁에서 살아남기 위해 꾸준히 원가를 절감하고 생산성을 향상시키며 혁신제품을 개발하지 않으면 안 된다. 결국 국내시장의 경쟁은 기업의 경쟁력을 강화시키는 결과를 가져온다.

---

21) M. E. Porter, *The Competitive Advantage of Nations,* The Free Press, 1990.

13-8. 국가문화

Hofstede의 국가문화

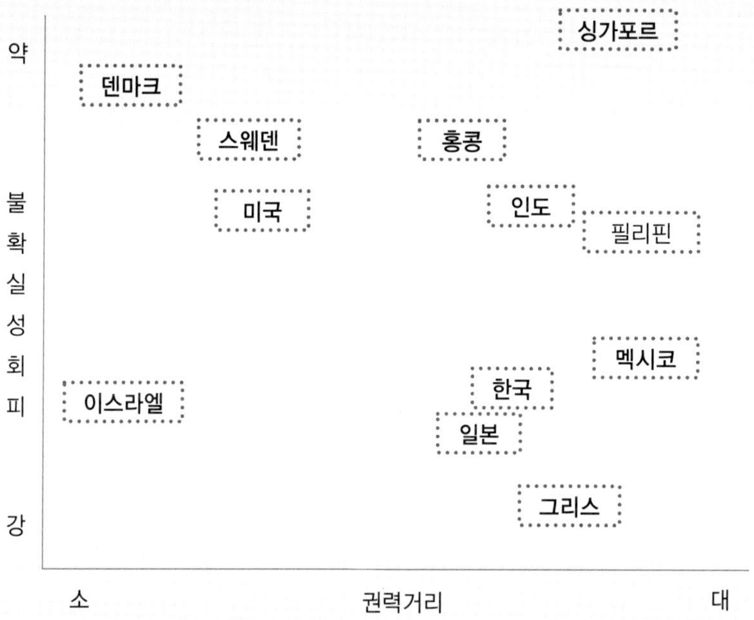

자료: G. Hofstede, *Culture's Consequences, International Differences in Work-Related Values*. Abridged Edition, SAGE, 1980.

국가간의 문화적 차이는 기업의 글로벌 경영성과에 중대한 영향을 미친다. 각 국가들은 그들만의 독특한 문화를 가지고 있기 때문에 기업들이 진입 국가 및 시장을 선정할 때 국가간의 문화적 차이를 고려해야만 한다.

Hofstede는 기업이 해외에서의 경영활동을 성공하기 위해 국가 차원의 문화를 이해해야 한다고 강조하면서 국가문화를 다음과 같이 네 가지 차원에서 설명하였다.[22]

22) G. Hofstede, *Culture's Consequences, International Differences in Work-Related Values*. Abridged Edition, SAGE, 1980.

■ **권력거리(Power Distance)**

권력거리란 어떤 기관이나 조직 내에서 불평등하게 분산되어 있는 권력을 사회가 받아들이는 정도를 말한다. 모든 사회가 다 평등하지는 않지만, 그림에서 필리핀이나 말레이시아와 같은 국가들은 권력거리 차원에서 다른 국가들보다 상대적으로 더 불평등한 것으로 나타나고 있다.

■ **불확실성의 회피(Uncertainty Avoidance)**

불확실성의 회피란 미래의 위험이나 불확실성을 회피하고자 하는 정도를 의미한다. 그림에서 덴마크와 같이 불확실성을 회피하려는 정도가 약한 국가는 국민들이 미래에 대해 큰 위협을 느끼지 않으며 의견충돌에도 별 신경을 쓰지 않는 경향이 강하다.

■ **개인주의(Individualism)**

개인주의란 사람들이 자신과 자신의 직계가족에 대해서만 관심을 갖는 성향을 말한다. 개인주의가 강한 국가일수록 내부집단과 외부집단을 엄격하게 구분하며, 내부집단에 대해서만 절대적인 충성심을 보인다. 미국이나 영국과 같은 국가들이 개인주의가 강한 반면, 한국이나 과테말라는 상대적으로 집단주의(Collectivism)의 성격이 강하다.

■ **남성다움 대 여성다움(Masculinity-Feminity)**

이것은 한 국가에서의 지배적인 가치가 얼마나 남성적이거나 또는 여성적인가를 나타내는 척도를 의미한다. 남성과 여성의 역할을 명확히 구분하면서 독단적이고 경쟁적이며 성차별이 심한 국가를 남성다운 국가로, 성을 명확하게 구분하지 않으면서 정중하고 조심스러우며 성차별이 심하지 않은 국가를 여성다운 국가로 분류한다. 주로 북유럽 국가들이 여성다운 국가인 반면, 남미권의 국가들은 상대적으로 남성다운 국가들이 많다.

13-9. 해외시장 진입방식

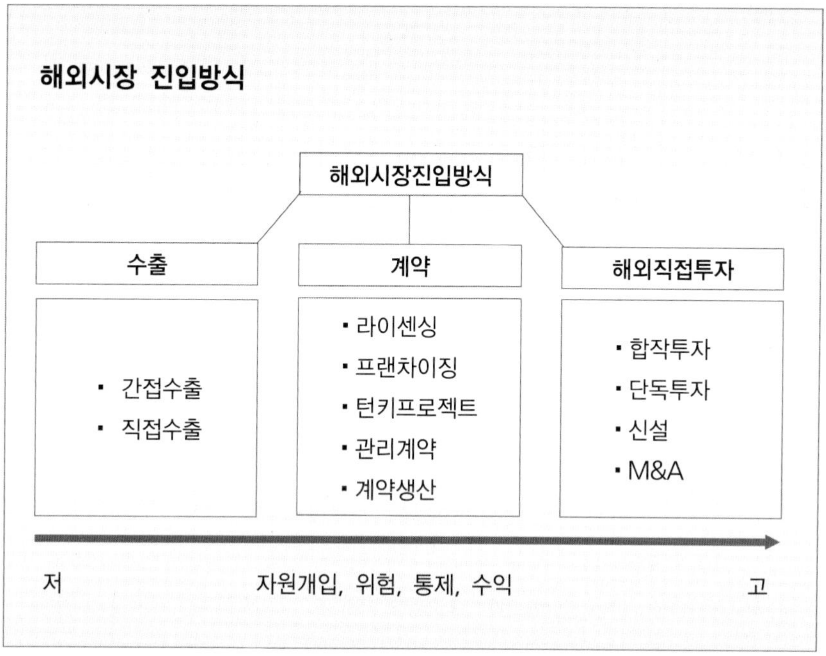

진입할 국가 및 시장을 선정한 후, 기업은 자신의 전략적 목표를 효과적으로 수행할 수 있는 해외시장 진입방식을 결정해야 한다. 해외시장 진입방식은 다음과 같이 수출, 계약, 직접투자의 세 가지 유형으로 구분할 수 있다.

■ 수출

수출은 가장 기본적인 해외시장 진입방법으로 수출중개인을 통한 간접수출(Indirect Exporting)과 기업이 직접 해외에 있는 유통업체나 판매법인으로 수출하는 직접수출(Direct Exporting)로 구분할 수 있다. 수출경험이 없거나 수출규모가 적은 기업들이 주로 이용하는 간접수출은 그만큼 편리하지만 통제의 문제가 있다. 반면 직접수출은 전반적인 수출마케팅을 직접 계획하고 수행하기 때문에 시장개입 및 통제의 범위가 넓다.

■ 계약

계약에 의한 진입방식은 일반적으로 기업이 일정한 대가를 받고 브랜드, 기술 및 경영노하우 등의 무형자산을 외국기업에게 이전하기로 하는 장기계약을 통해 해외시장에 진입하는 방식이다. 대표적인 계약방식에는 라이센싱(Licensing)과 프랜차이징(Franchising)이 있으며, 플랜트수출과 같은 턴키프로젝트(Turnkey Project)와 OEM(Original Equipment Manufacturing)과 같은 계약생산(Contract Manufacture) 그리고 경영노하우를 제공하는 관리계약(Management Contract)도 계약방식에 포함된다.

■ 해외직접투자

해외직접투자는 참여지분의 크기에 따라 합작투자(Joint Venture)와 단독투자(Wholly Owned Subsidiary)로 구분하고, 투자방법에 따라 신설(Greenfield)과 M&A로 구분할 수 있다. 해외직접투자는 수출이나 계약에 의한 진입방법보다 자원의 개입정도가 크기 때문에 상대적으로 위험도가 높지만 사업 및 제품에 대한 통제력과 기대이익은 더 커진다.

한편 합작투자는 가장 긴밀한 형태의 전략적 제휴로서 두 개 이상의 기업들이 특정기업체에 대해 공동으로 소유권을 가지고 공동으로 운영에 참여한다는 특징을 가지고 있다. 공동소유의 대상은 주식, 채무, 무형자산, 유형고정자산 등 아주 다양하다. 단독투자와 달리 합작투자가 파트너의 자원과 능력을 서로 이용하고 위험을 분담할 수 있다는 장점이 있지만 파트너간의 기업문화와 경영활동의 차이가 자칫 분쟁을 초래할 수 있고 파트너들이 모두 균등한 혜택을 받기 어렵다는 단점도 있다.

13-10. 브라운필드

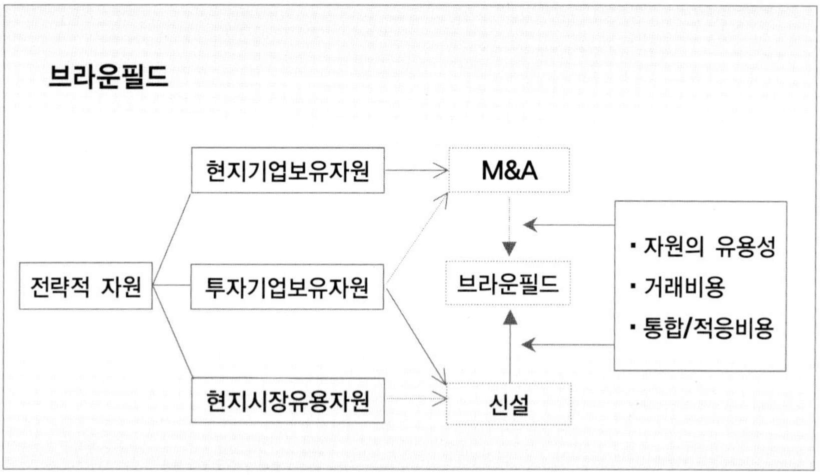

기업이 현지기업의 자원을 전략적으로 활용하기 위해 인수를 하였지만 피인수기업의 열악한 자원에 만족하지 못하고 대규모의 구조조정을 단행하면서 마치 인수가 아닌 신설방식의 투자를 한 것과 같은 경우가 있다. 이처럼 인수 후 신설 또는 신설 후 인수와 같은 혼합형태의 투자를 브라운필드(Brownfield)라고 한다. 브라운필드는 다음과 같이 현지자원의 유용성, 거래비용, 통합비용 및 적응비용의 영향을 받는다.[23)]

■ **현지자원의 유용성**

기업이 새로운 프로젝트를 추진하면서 현지기업의 자원이 전략적으로 필요한 경우 인수를 선호하는 반면, 현지시장에서 유용할 수 있는 자원이 필요할 때는 신설을 선호한다. 하지만 인수기업이 투자 후 현지기업의 자원에 만족하지 못하거나, 신설기업이 현지시장에서의 자원 획득에 어려움이 있다면 브라운필드가 발생할 가능

23) K. E. Meyer and S. Estrin, "Brownfield Entry in Emerging Markets," *Journal of International Business Studies,* Vol. 32, No. 3, 2001.

성이 높다.

■ 거래비용

해외프로젝트에서 기업내부의 자원보다 현지기업이나 현지시장이 제공해주는 자원이 전략적으로 더 중요할 때 거래비용은 상승한다. 그리고 과도경제체제의 사회주의국가나 개도국에서는 거래대상의 탐색과 경제적 유용성 분석 외에 소유기업이나 정부기관과의 협상으로 인해 상당한 거래비용이 발생하기도 한다. 이처럼 거래비용이 증가할수록 브라운필드의 가능성은 더욱 커진다.

■ 통합비용과 적응비용

통합비용과 적응비용도 브라운필드의 발생에 영향을 미치는 주요 요인이다. 새로운 사업단위가 성공적으로 운영되기 위해서는 현지자원들이 투자기업의 네트워크 내에서 순조롭게 통합되거나 적응되어야 한다. 하지만 인수의 경우 조직간의 상이한 기업문화의 차이 때문에 통합비용이 발생할 수 있고, 신설의 경우 자원의 국제적 이동과 재배치에 따른 이전비용이나 현지문화에 적응하기 위한 적응비용이 발생할 수 있다. 이와 같은 통합비용과 적응비용이 예상보다 커지는 경우 브라운필드의 가능성이 높아진다.

13-11. 글로벌조직

글로벌조직의 모형

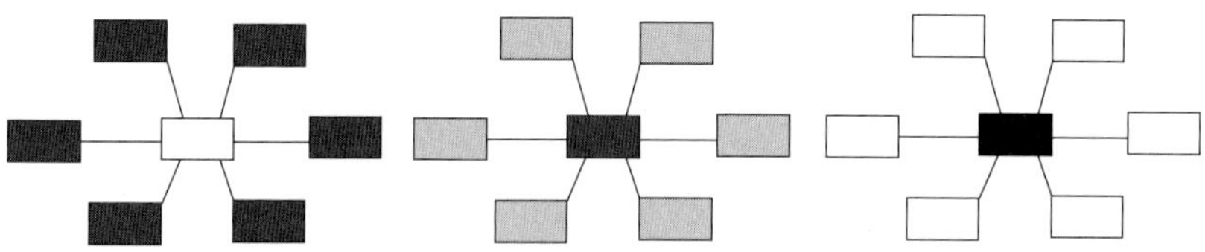

자료: C. A. Bartlett, and S. Ghoshal, *Managing Across Borders: The Transnational Solution,* Harvard Business School Press, 1989.

3장에서 언급했던 무형적 관리유산 중 하나인 조직구조(Organizational Structure)는 기업이 경영전략을 효과적으로 수립하고 실행하는 데에 중대한 영향을 미친다. 특히 전 세계에서 경영활동을 하고 있는 글로벌기업들은 복합적인 글로벌전략을 성공적으로 추진하기 위해 효율적인 조직구조와 함께 본사와 자회사간의 균형 있는 조직모형(Organization Model)을 갖추는 것이 무엇보다 필요하다.

글로벌조직은 기업의 경영전략과 관리시스템, 그리고 시대적 환경에 따라 다음과 같이 상이한 조직형태로 변천하였다.[24)]

■ **다국적조직(Mutinational Organization)**

◦ 2차 세계대전 이전(1900-1939)에 해외에 진출한 다국적기업들

---

24) C. A. Bartlett, and S. Ghoshal, *op. cit.*

의 고전적인 조직형태

- 본사가 해외자회사에게 자산 및 책임 등 자율적 권한을 위임하는 분권형(Decentralized) 조직
- 단순한 재무통제시스템을 통해 본사와 해외자회사간의 비공식적이고 개인적인 관계 유지
- 해외자회사를 국가별 독립사업의 포트폴리오로 간주하는 관리개념
- Unilever, Phillips, Royal Dutch/shell 등과 같은 유럽의 글로벌기업들이 주로 채택
- 조직 및 관리시스템이 당시의 높은 무역장벽과 운송 및 커뮤니케이션 상태를 반영

■ **국제적조직(International Organization)**

- 2차 세계대전 이후(1945-1970) 글로벌기업의 조직형태
- 본사가 해외자회사에게 자산, 자원, 책임 등 권한을 위임하지만 신기술 및 신제품 개발을 주도하고, 특히 기술과 재무적 측면에서 자회사와 공식적이고 긴밀한 협력관계를 유지하는 등위형(Coordinated) 조직
- 해외자회사를 본사의 부속물로 간주하는 관리개념
- Ford, GM, Coca cola, IBM 등이 채택했던 조직형태로 미국 다국적기업들의 관리적 문화에 적합한 형태

■ **글로벌조직(Global Organization)**

- Henry Ford나 John Rockefeller와 같은 국제화의 선두주자들이 선택했던 초창기 글로벌기업의 조직형태이지만, 1970-1980년대에 주로 일본의 글로벌기업들이 채택했던 조직형태
- 대부분의 자산, 자원, 책임 등이 본사에 집중되는 집중형(Centralized) 조직
- 해외자회사를 단일 글로벌시장으로의 유통망으로 간주하는

관리개념

◦ 해외자회사는 현지에서 정치적 압력 등으로 생산을 할지라도 판매와 서비스활동으로 제한되고 운영에 대한 권한이 거의 없음
◦ Toyota, Matsushita, NEC 등이 취했던 조직구조로 집단주의적인 일본기업들의 관리기준과 절차에 적합한 형태
◦ 1960년대 이후 전 세계적으로 무역장벽과 운송비가 낮아지는 시대적 변화 반영

이들 세 가지 조직형태의 주요 특성을 요약해보면, 먼저 다국적 조직은 현지시장의 차별화와 정치적 요구에 매우 민감하게 반응하기 때문에 기업의 전체 가치활동이 현지에서 이루어지고 본사의 통제나 간섭이 약한 조직형태이다.

반면에 글로벌조직은 세계시장을 하나의 단일시장으로 간주하고 본사 주도의 표준화된 글로벌제품을 생산함으로써 규모의 경제효과를 효율적으로 제고할 수 있다. 본사가 막강한 전략적 권한을 가지고 있으며 관리자를 해외자회사에 파견함으로써 각각의 사업단위간 조정을 용이하게 할 수 있는 조직형태이다.

마지막으로 국제적조직은 다국적조직의 변형으로서 주로 미국에 있는 본사가 지식과 기술을 개발한 후 현지의 요구에 맞추어 해외자회사에게 이전하며 공식적인 보고시스템 등을 통해 해외자회사를 통제하는 조직형태라고 할 수 있다.[25)]

25) *Ibid.*

13-12. 통합 네트워크형 조직

통합 네트워크형 조직

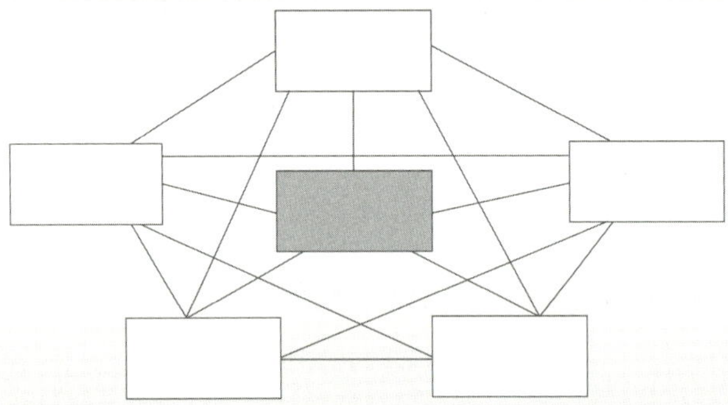

앞에서 설명한 세 가지 조직형태는 구조적 특성으로 인해 기업들이 간혹 딜레마에 봉착하기도 한다. 예를 들면, 글로벌기업은 자원과 능력의 집중화를 통해 규모의 효율성은 추구할 수 있지만 현지시장의 요구를 적절하게 반영하기 어렵다는 모순이 있다. 반면, 다국적기업은 현지의 차별화에 적절하게 반응할 수 있지만 기업활동의 분산으로 인해 효율성이 떨어지는 딜레마에 봉착하게 된다. 국제적조직도 본사의 기술과 능력을 쉽게 활용할 수 있다는 장점이 있지만 글로벌기업보다는 효율성이 떨어지고, 다국적기업보다는 현지에 대한 적응이 더디다는 단점이 있다.

이와 같은 딜레마를 해결하기 위해 1980년대 중반에 새롭게 등장한 다국적기업의 조직형태가 바로 통합 네트워크형 조직이다. 일반적으로 통합 네트워크는 글로벌통합과 현지차별화를 동시에 추구하는 초국적기업(Transnational Corporation)의 조직형태로, 각각의 사업단위가 독립적인 활동을 하지만 상호 긴밀한 협력과 함께

전략적 의사결정과정을 공유하는 특징을 가지고 있다.[26]

본사가 사업단위간의 협력관계를 조정하며, 해외자회사들은 전체의 이익을 위해 특정제품과 활동 등에서 차별화된 아이디어, 기술, 능력 등을 제공한다. 따라서 본사와 자회사 등 각각의 사업단위간에 상당한 규모의 기술, 정보, 인력, 자본, 자재, 제품의 이동이 발생하면서 상호 긴밀한 협력관계가 유지된다.

이처럼 본사와 해외자회사간의 긴밀한 네트워크의 구축 및 유지가 가능한 것은 바로 경영환경의 변화 때문이다. 특히 글로벌 M&A의 활성화, 운송 및 통신비용의 인하, 그리고 새로운 정보기술의 발전으로 통합 네트워크 조직의 필요성이 커짐과 동시에 기업 조직의 형태가 진화할 수 있었던 것이다.

한편 초국적기업을 비롯한 글로벌기업들은 상호 연결된 조직구조를 통해 국경간의 자금흐름을 종합적으로 관리하고 통제함으로써 기업 전체의 이익을 효율적으로 제고할 수 있다. 예를 들면, 글로벌기업들은 환위험을 축소하고 충분한 유동성을 확보하기 위해 각 사업단위간에 이자, 배당, 지불 등의 방식을 통해 내부자금을 이전할 뿐만 아니라, 이전가격의 조정을 통해 사업단위간의 자금흐름을 균형 있게 조정한다. 그리고 전 세계에 배치된 해외자회사를 통해 가장 저렴한 비용으로 필요한 자금을 조달함으로써 자본비용을 효율적으로 절감할 수 있다.

---

26) *Ibid.*

13-13. 해외자회사의 역할

해외자회사의 역할

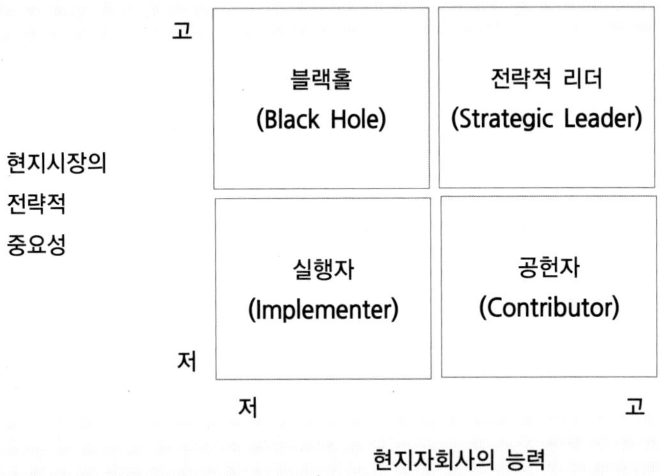

자료: *Ibid.*

앞에서 설명한 바와 같이, 초국적기업은 해외자회사의 독립성을 인정하면서도 통합과 조정을 통해 상호 긴밀한 협력관계를 유지한다. 하지만 모든 자회사들에 대해 통합과 조정의 강도를 동일하게 적용할 수는 없다. 따라서 초국적기업들은 해외자회사들의 역할과 책임을 차별화한 후 각각의 역할에 맞게 조정하는 조직시스템을 구축할 필요가 있다.

Bartlett과 Ghoshal은 두개의 변수, 즉 현지시장의 전략적 중요성과 현지자회사의 능력을 이용하여 해외자회사의 역할을 다음과 같이 네 가지 유형으로 구분하였다.[27]

27) *Ibid*

■ 전략적 리더(Strategic Leader)

전략적 리더란 기술, 생산, 마케팅 등의 분야에서 뛰어난 경쟁력을 가지고 전략적으로 중요한 국가에 진출한 해외자회사의 역할을 의미한다. 따라서 전략적 리더는 다양하고 적극적인 전략들을 별도로 개발하고 추진하는 전략본부를 가진 독립회사로서의 자율권이 부여된다. 하지만 전략적 리더는 국제시장에서 발생하는 변화를 조기에 탐지하고 분석함으로써 본사가 적절한 대응책을 수립할 수 있도록 지원하며, 경우에 따라서는 신제품의 개발과 마케팅 등의 활동에서 기업전체를 선도하는 역할을 담당하기도 한다.

■ 공헌자(Contributor)

공헌자란 기업이 진출한 해외시장이 전략시장, 즉 시장의 규모가 크고 경쟁기업의 모국이며 기술수준이 높은 시장은 아니지만 오히려 그곳에서 기업내부의 우수한 경쟁력을 바탕으로 신기술 및 혁신제품을 개발하여 기업의 글로벌전략에 기여하는 해외자회사의 역할을 의미한다. 공헌자의 역할은 현지시장이 특정부품이나 제품의 생산에 비교우위를 가지고 있거나 현지정부가 그러한 생산을 지원하는 경우 발생할 가능성이 크다. 자회사의 자율권은 보장되지만 소모적인 개발을 억제하고 혁신기술의 효율적인 글로벌화를 위해 본사의 적절한 통제가 요구된다.

■ 실행자(Implementer)

실행자란 상대적으로 전략적 중요성이 낮은 시장에 위치하고 있지만 현지시장을 운영할 정도의 충분한 경쟁력을 가지고 있는 해외자회사의 역할을 말한다. 이들은 기업의 전략적 지식에 큰 도움을 주지는 못하지만 현지시장의 개척을 통해 기업의 성장에 필요한 현금을 전달하는 역할을 한다. 또 그들의 역할이 중요하지는 않지만 가끔 혁신적 프로세스를 지원하는 기업자원을 창출하기도 하고, 기업의 글로벌전략에 중요한 규모의 경제와 범위의 경제를 촉진시키기도 한다. 이러한 이유 때문에 본사는 실행자의 역할을 수행하는 해외자회사에 대해 강한 통제력을 발휘한다.

■ 블랙홀(Black Hole)

전략적으로 중요한 시장에서 현지자회사의 자원이나 능력이 경쟁열위에 있는 경우를 블랙홀이라고 한다. 전략시장에서 기업이 글로벌기업으로서의 지위를 유지하기 위해 반드시 자회사가 전략적 리더의 역할을 해야 하지만 블랙홀의 상태에 있는 자회사는 그럴 만한 경쟁력을 가지지 못한다. 예를 들면, 과거 일본시장에서의 Philips나 유럽시장에 진출한 Matsushita 등을 블랙홀의 사례로 들 수 있다. 이들은 다른 시장에서 자신들의 글로벌지위가 침식당하는 것을 막기 위해 전략시장을 감시하고 그곳에서 기술변화에 관한 정보를 수집하는 소규모의 유연한 조직을 현지에 배치하였다.

그러나 해외자회사들이 전략시장에 깊숙이 침투하지 못하고 단지 감시와 정보수집의 창구역할만으로는 그들의 목표를 달성할 수가 없었다. 결국 이들은 블랙홀의 탈출과 함께 전략시장에서의 경쟁우위를 확보하기 위해 현지의 틈새시장에 침투하거나 또는 M&A 및 전략적 제휴 등을 통해 대규모의 기업자원을 현지시장에 투입하면서 적극적인 시장개입을 추진하였다. 블랙홀에 있는 자회사들은 본사의 지원이 없으면 현지시장에서의 경쟁우위를 확보하기 어렵다. 그래서 본사는 이들에게 기술과 자원을 적극 지원하면서 통제를 강화할 필요가 있다.

13-14. LG전자의 글로벌화

LG전자의 글로벌화 과정

LG전자는 현재 전 세계에 배치된 약 110개의 현지법인들을 통해 삼성, Matsushita, Philips 등과 글로벌경쟁을 하고 있다. 이와 같은 LG전자의 글로벌화는 다음과 같이 다섯 단계의 확산과정으로 구분할 수 있다.[28)]

■ 수입대체단계

1958년 창업 이래 독일과 일본으로부터 차관과 기술을 도입하여 성숙 또는 표준화된 전자제품을 직접 생산함으로써 수입품을 대체하기 시작하였다.

■ 선진국 수출단계

LG전자는 정부의 수출드라이브 정책의 지원을 바탕으로 국내에 대규모의 양산체제를 갖추고 1962년 미국에 처음으로 라디오를 수출하면서 해외시장을 본격적으로 개척하기 시작하였다. 1970년대 후반부터 수출제품을 다각화하면서 시장규모가 큰 미국과 유럽 등의 선진국들을 LG전자의 주요 수출시장으로 개척하였다.

---

28) 이장로, 「국제마케팅 5판」, 무역경영사, 2008; LG전자 홈페이지, http://www.lge.co.kr, 2009.

■ 선진국 생산단계

1980년대부터 시작된 신보호무역주의로 인해 미국과 유럽의 반덤핑제소 등 수입규제가 심해지자 LG전자는 수출규제품목을 중심으로 기존시장을 유지하기 위해 선진국에 생산시설을 구축하기 시작하였다. 대표적인 사례로 1981년 미국 알라바마주 헌츠빌에 설립한 컬러TV 공장, 1986년 독일 브롬스에 설립한 컬러TV와 VCR 공장, 1988년 영국 재로우에 설립한 전자렌지 공장 등을 들 수 있다.

■ 개도국 생산단계

1988년 이후 원화의 평가절상과 임금상승 등으로 인해 국내 경영환경이 악화되자 LG전자는 현지의 저임노동력을 활용하고 선진국의 수입장벽을 회피하기 위하여 태국과 인도네시아 등에 컬러TV와 냉장고 등을 생산하는 공장과 현지판매법인을 대거 설립하기 시작하였다. 조직구조도 본사 중심의 수출조직에서 지역별 사업부조직으로 대폭 개편하였다.

■ 글로벌 생산 및 판매단계

LG전자는 1990년대 중반 이후 시장다각화를 위해 러시아를 비롯한 사회주의 경제권과 중남미지역으로 생산 및 판매기지를 확대하기 시작하였다. 그리고 미국기업 Zenith의 인수와 IBM과의 전략적 제휴, Philips와의 합작투자 등 다양한 방식의 혁신전략을 통해 글로벌화를 본격적으로 추진하였다. 1995년 회사명을 LG전자로 개명한 후, 스포츠마케팅과 같은 적극적인 촉진활동을 통해 LG브랜드를 세계적인 브랜드로 성장시켜 나갔다. 2008년 현재 LG전자는 미국에 R&D 기지를 구축하였고, 아르헨티나, 파나마, 콜롬비아, 칠레, 페루 등의 시장에서는 가치사슬의 전체 활동을 현지화하면서 지역밀착형 마케팅활동을 펼치고 있다. 2006년에는 유럽 14개 법인을 통합하였고, 2007년 말에는 아시아지역본부 등을 신설하여 전세계를 연결하는 통합된 네트워크를 구축함으로써 명실상부한 글로벌기업으로 변신하였다.

찾아보기

ㄹ

ㅁ

ㅂ

ㅅ

ㅍ

ㅎ

A

B

C

D

김길성

■ **저자 약력**

조선대학교 무역학과 졸업
전남대학교 경영학 박사
조선대학교 생산교육연수원
University of Central Florida 객원교수
현 전남대학교 경상학부 교수
현 전남대학교 지역사회발전연구소 소장

경영전략

인쇄 | 2009년 8월 20일
발행 | 2009년 9월 1일

저자 | 김길성
발행 | 김윤수
발행처 | 전남대학교출판부

등록 | 1981. 5. 21. 제53호
주소 | 500-757 광주광역시 북구 용봉로 77
전화 | (062) 530-0571～3
팩스 | (062) 530-0579
홈페이지 | http://altair.chonnam.ac.kr/～cnup

값 15,000 원

ISBN 978-89-7598-759-5 (93320)

이 도서의 국립중앙도서관 출판시도서목록(CIP)은 e-CIP홈페이지(http://www.nl.go.kr/cip.php)에서 이용하실 수 있습니다. **(CIP제어번호: CIP2009002732)**